知识生产的原创基地
BASE FOR ORIGINAL CREATIVE CONTENT

颉腾商业
JIE TENG BUSINESS

Simple

解码
财富自由
6个简单有效原则

[加] 大卫·阿什（David Ash）/ 著

张晶 / 译

Wealth

Six Proven Principles for Financial Freedom

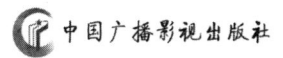

中国广播影视出版社

图书在版编目（CIP）数据

解码财富自由：6个简单有效原则 /（加）大卫·阿什（David Ash）著；张晶译. -- 北京：中国广播影视出版社，2024.4
ISBN 978-7-5043-9206-0

Ⅰ.①解… Ⅱ.①大… ②张… Ⅲ.①金融学—基本知识 Ⅳ.①F830

中国国家版本馆CIP数据核字（2024）第036907号

Title: SIMPLE WEALTH: SIX PROVEN PRINCIPLES FOR FINANCIAL FREEDOM
By: David Ash
Copyright © 2021 by David Ash
Published by arrangement with Transatlantic Literary Agency Inc., through The Grayhawk Agency Ltd.
Simplified Chinese edition copyright © 2023 by Beijing Jie Teng Culture Media Co., Ltd.
All rights reserved. Unauthorized duplication or distribution of this work constitutes copyright infringement.

北京市版权局著作权合同登记号 图字：01-2023-4656号

解码财富自由：6个简单有效原则
[加]大卫·阿什 著
张 晶 译

策　　划	颉腾文化
责任编辑	余潜飞　冯岩
责任校对	龚　晨
出版发行	中国广播影视出版社
电　　话	010-86093580　010-86093583
社　　址	北京市西城区真武庙二条9号
邮　　编	100045
网　　址	www.crtp.com.cn
电子信箱	crtp8@sina.com
经　　销	全国各地新华书店
印　　刷	文畅阁印刷有限公司
开　　本	889毫米×1194毫米　1/32
字　　数	71（千）字
印　　张	5.375
版　　次	2024年4月第1版　2024年4月第1次印刷
书　　号	ISBN 978-7-5043-9206-0
定　　价	59.00元

（版权所有 翻印必究·印装有误 负责调换）

Praise 赞誉

我认识大卫·阿什十年了。他是一名投资人，同时是一名财富管理专家。他从不纸上谈兵，而是始终如一且自律地以身践行。《解码财富自由》是一本完善的投资法则备忘录，由蒙特利尔和一些世界金融中心的经验提炼而成。

——本·斯莱格（Ben Slager）
莫干·丹尼尔斯·斯莱格事务所创始合伙人，
TIGER21（温哥华）联合主席

当我读大卫·阿什的这本书时，我一直萌生这样的想法：我的四个孩子需要读这本书，我的朋友也需要读这本书，我要把这本书推荐给他或她，我信任大卫以及他难得的专业金融知识。他直言不讳，并且用通俗易懂的方式给出切实可行的实操建议。这本书一定会帮到我们的！

——布伦特·坎特伦（Brent Cantelon）
牧师

大卫·阿什非常善于从繁杂的概念中提炼出可实践的、有启发性的、简单易懂的概念。《解码财富自由》是一本任何人都可以用来构建更美好生活的工具书。

——克雷格·福克纳（Craig Faulkner）
Unilogik系统公司首席技术官

"保持平常心"是我们会从《解码财富自由》这本书里学到的智慧。这是通往财富自由的一张简易路线图，也是我成年的儿子一定要读的书。大卫·阿什是一个为人着想并拥有远见的人。

——佛朗哥·帕帕利亚（Franco Papalia）
Raymond James 投资公司投资经理

为什么不多点这样的书呢？易读并切中要害。这本书基于真实事件与经历，会快速而高效地影响我们的人生。立刻拥有它……这是赠予我关心的人的一份简单并周到的礼物！

——弗雷德·默瑟（Fred Mercer）
Expedia Cruises 多部件特许经营所有者

如果我们曾经有钱、想要有钱、曾经亏钱，这本书适合我们读。这本书非常易读而且充满简单与家喻户晓的财富智慧。《解码财富自由》这本书将大卫·阿什几十年的投资起伏化为谦逊而深刻的智慧，告诉人们如何理财并防止财富的流失。

——拉里·伯查尔（Larry Birchall）
长弓资本执行主席

在这个复杂多变的世界上，我们很难得遇到一种重点突出、简洁明了并且高效的财富自由公式。一种让我们不必在谷歌工作也不必成为医生就可以获得的自由；一种让我们用今天的些许约束，换来与财富安全随之而来的平静心灵。在《解码财富自由》这本书里，大卫·阿什为读者提炼出了一直以来存在但被现在这个急功近利的时代遗忘的公式。

作者提醒了我们，实现财富自由的关键就是长期严格执行这些简单的规则。

——保罗·格雷汉（Paul Grehan）
Rybridge 资本创始人

《解码财富自由》不仅是一本简单的书，而且是一本从繁复的众多元素中提炼而成的行动指南。大卫·阿什以无与伦比的技巧和才能将财富自由的过程简化为这 6 条经验证有效的原则。这本书易读、合理，而且有真实的行为要求——好评！

——罗克萨娜·科洪（Roxana Colquhoun）
HNW 服务公司联合创始人，TIGER21（BC）主席

《解码财富自由》是我读过的在财富创造领域最有洞见的书之一。大卫·阿什并不只是说说，而是说到做到。大家都需要读这本书。

——奈杰尔·本内特
全球海上撇油系统头部厂商 Aqua-Guard Spill
Response，以及 TruBeach、giftADD.com 创始人；
《迈出那一步：为真正重要的事情冒险》(*Take That Leap*) 作者

在《解码财富自由》这本书里，大卫·阿什为通往财富自由的路径提供了一个清晰、简洁并且有实操性的指南，这几乎可以让任何人都拥有大把机会。大卫无私地分享他自己的生活经验，告诉我们如何通过遵循一些简单且重要的真理来获得财富自由。他适时地警告我们不要被传世真理的简单性迷惑，因为"真理总是朴素的"。这本书就是这一原则的完美体现。

——蒂莫西·丹尼尔斯（Timothy Daniels）
TIGER21 执行总裁

阅读《解码财富自由》这本书让我非常享受，而且就像给了我一个看台边的座位，观察大卫·阿什把这些理论付诸实践。他的生活就是这些方法的活生生的证明。正如博恩·崔西所说，"成功有迹可循"，我们不需要重蹈覆辙，只需要循迹而行就够了！

——普拉文·瓦尔什尼（Praveen Varshney）
国际注册法务会计师，货交承运人，Varshney投资公司总监

谨以此书，献给我的儿子唐纳文（Donavon）
和女儿贾丝明（Jasmine），
你们是我的骄傲与荣光

Foreword 推荐序

两年前,在张晶有幸拿到《富足一生:十堂亲子财商课》这本亲子财商畅销书翻译机会的时候,我十分激动,鼓励她要尽最大努力将这本书翻译好。因为我知道,翻译一本关于亲子财商的书,绝对不仅仅是一份工作、一项任务,而是一次可以师从全球顶级财商教育专家的难得机会。

如果说两年前张晶翻译的《富足一生:十堂亲子财商课》大大影响了我们和孩子之间的财商互动与应用实践,那么她最新翻译的这本《解码财富自由:6个简单有效原则》则帮助我们构建了一套非常明确且实用的投资理财基本原则,以及引导我们去思考:我们到底应该为自己的孩子塑造一种怎样的金钱观?

过去十多年,我和张晶一直在中国的财富管理行业创业打拼。我们的事业从香港起步,在新冠疫情期间从香港回到深圳,疫情结束之后将发展重心投放到整个大湾区,希望能够通过我们的努力促成大湾区金融业进一步互联互通。在见证了中国人或高净值人士的财富不断积累的同时,我们也感受到他们在投资理财方面的盲目与迷茫——

有的朋友投资非常随性，买金融产品完全凭借当下的一时冲动，却完全不去深入了解产品背后的投资运作与潜在风险。

有的朋友投资盲目自信，认为自己基于公众号和短视频中的碎片化知识得出的投资决策是无比正确的，殊不知如今我们每个人可能都已经被关入了一个专属于自己的"信息茧房"中。

有的朋友做投资（包括贷款买房）时完全不考虑家庭现有的资产结构，没有为经济下行可能会导致的家庭财务问题备好"安全垫"，从而在疫情期间遭遇了巨大的挑战。

或许我们中绝大多数人从来都没有制定过一套可以长期遵循的投资理财基本原则，因为我们过去所接受的教育体系中并没有任何关于这方面内容的指引。而作者大卫·阿什的这本《解码财富自由：6个简单有效原则》刚好补足了我们的知识所需。

作者用了本书大概一半的篇幅，向读者生动地阐述了他通向财富自由所遵循的6个简单有效原则、他遵循的原因，以及他的收获。

正如瑞·达利欧在知名畅销书《原则》中所讲述的类似，这6个原则并不是什么高深的"财富秘籍"，甚至会让人认为："这难道不是人尽皆知的事情吗？"但我想说的是，最有价值的道理往往都藏在朴实无华的文字中。

当然，由于我们和作者所处的年代不同（作者是一名60后）、所在的国家不同（作者一直生活在加拿大）、所拥有的经历不同（作者在年轻时曾是一名房产经纪人），活在当下的我们并不一定要完全复刻作者的原则与路径，但是我强烈建议你能像作者一样，为你自己的投资理财设定几条简单的原则，并努力用实际的行动去遵循这些原则。到时回头来看，你一定会受益匪浅。

此外，在读这本书的时候，我的内心有一种强烈的触动，就是当作者谈及金钱观的时候，我产生了深深的思考，那就是：我们到底应该为自己的孩子塑造一种怎样的金钱观？作者认为，人们对待金钱一般有四种态度——回避金钱、崇拜金钱、炫耀金钱和警惕金钱。回避金钱的人认为金钱是万恶之源，崇拜金钱的人认为金钱可以解决一切问题，炫耀金钱的人会追求外在的富足来凸显自己的社会地位，警惕金钱的人会对财务状况感到焦虑从而不断储蓄。

作者与我和我太太一样，都出身于普通家庭，人生中经历过起伏和"至暗时刻"，但最终都通过自己的坚持与努力挺了过来。虽然我们并没有像作者一样已经财富自由，但我们的生活也相对富足，用"衣食无忧"来形容应该不算过分。

可是，如果用作者的方式来概述我的金钱观，那么我想我会是一个典型的"警惕主义者"：我经常对花钱十分保守，甚至希望能把更多辛苦赚来的钱存起来，以备不时之需。我想，这可能与我从小的生活经历、父母的教育以及我从事的精算师这种和风险打交道的职业属性有很大关系。

在我看来，差不多已到中年的我，应该很难再去改变我自己的金钱观了，但是我要如何给自己的孩子传递一种"有利于他未来成长"的金钱观，则是一件非常重要的事。我往往会陷入很矛盾的情绪中，相信这些情绪很多读者朋友也会有，那就是：我们既想让孩子知道钱的重要性，又不希望孩子产生"崇拜金钱"的价值观；我们既希望孩子在经济方面能够有充足的"自信"，又不希望孩子因为过于"招摇"而养成一些坏习惯；我们既希望孩子知道我们有能力给他想要的生活，又不希望孩子在金钱方面过分依赖我们。

过去我曾经为这些矛盾的情绪而苦恼，但当我在这本书中看到了同样的矛盾情绪时，我忽然释怀了，就像是我们在给孩子做财商教育而遇到挫折和挑战时被打了一针安慰剂一样。今天的我终于意识到，孩子的财商教育是一条漫长而充满挑战的路，它没有唯一的正确答案，没有样板式的教科书，因为每个家庭的财务背景不同，每个孩子也不同，所以必须"因材施教"。而真正的财商教育，是靠父母在生活中不断地总结、反思、调整，并有意将这些合适的理念传递给孩子，希望有朝一日这些理念能够指引我们的孩子在投资理财方面不再重蹈我们的覆辙，从而拥有一个更加美好的人生。

这本《解码财富自由：6个简单有效原则》真的可以引发我们的思考，从而让我们在给孩子做财商教育时有更多的灵感与方向。

希望你会像我一样，爱上这本书。

——牟剑群（Alex）
北美准精算师（ASA）、特许企业风险分析师（CERA）、
公众号及视频号"精算视觉"主理人、
大湾区保险学院创始人

Contents 目录

引言 //001

| 第一部分 |
独特非凡的智慧 //011

1 学业成绩被过度放大 //013

2 永远不要低估弱者的决心 //022

3 有失偏颇的真相根本不是真相 //028

| 第二部分 |
财富自由的 6 个经验证有效原则 //043

4 经验证有效原则 #1：储蓄 //045

5 经验证有效原则 #2：掌控 //050

6 经验证有效原则 #3：增值 //062

7 经验证有效原则 #4：保护 //068

8 经验证有效原则 #5：自有 //078

9 经验证有效原则 #6：提升 //085

| 第三部分 |
财商投资 //091

10 你是在投机还是在投资？ //093

11 让市场成为朋友 //103

12 小白投资者的长期策略 //112

| 第四部分 |
精明的企业家 //121

13 飞行员与企业家 //123

14 我们根本一无所知 //129

15 当我们将工作和娱乐混在一起时
工作总是胜出 //138

16 风险管理 //142

总结　永恒的力量 //150

致谢 //155

引言

1989年的春天,年轻的我正处于人生的最低谷。我的银行卡余额为零,待付账单堆积如山,而且我已经拖欠个人所得税7年了。我想要逃离并躲起来,但我没有钱也无处可躲。

于是,在28岁那年,我申请了破产。

10年前,作为一名年轻的房地产经纪人,我参加了一个销售研讨会,带着这样的期许,我开始了通往结束这个令人心碎境遇的旅程。那天是我第一次听到有人把"积极""精神"和"态度"这三个词连在一起并且像概念一样表达出来。那个会议让我感受到的那种肆无忌惮的乐观，给了我新的希望。那种感觉是在装载码头工作的父亲和做助理护士的母亲不曾给过我的。我从那个会议上抱回来很多书和录音带，然后独自坐在我那小小的公寓里，读着、听着、憧憬着，一直到深夜。

那些我读的书和听的录音带讲的都是我们要设定清晰的、可量化的远超我们合理想象的目标。我内心渴望过上更好的生活。因此，在我暗无天日的地下室里，我摒弃那些自我怀疑的暗示，反抗我的理性，设定了我的第一个重大目标："我要在 30 岁以前成为百万富翁。"我在浴室的镜子上贴了这条不可思议的宣言，从早到晚都这样明目张胆地宣告着。我认为自己前途无量，我相信一切皆有可能。

在接下来的 10 年间，我加班加点地努力工作。我付出了所有，但仍不够。说好在 30 岁以前要成为百万富翁的我，却在 28 岁时迎来了破产。

如果我们是律师，破产后我们仍是律师。如

果 28 岁的高中辍学生宣告破产，那我们就真的完了，我们内心充满绝望与恐惧。

那个时候，一位漂亮的护士点亮了我人生中唯一的一束光，后来她成了我的妻子——莉莎。我记得那天我在见了破产管理人后眼中带泪地回到家，告诉莉莎她值得拥有更好的生活，她可以离开我再嫁给一名医生或者律师。这让她十分吃惊并且感到被冒犯，她说她不要医生也不要律师，她只要我。我非常爱她，也愿意就此放手，而她却不离不弃，选择留下。

破产的一个好处是，它给了我们时间和空间去自我反思。我从一名销售人员做起，然后成了销售经理，再后来成立了自己的企业。这一路走来，我学会了如何设定目标、增加营收并且让大家向同一个目标努力。

我不喜欢或者说我没有重视的是财务管理制度和记账。我只专注于顶层的销售和营收，以为底层的事会自行解决。

在我生命中最关键的时刻，当我寻找出路时，我想起了10年前读的一本可能对我有帮助的看似平凡无奇的书——《巴比伦最富有的人》(*The Richest Man in Babylon*)，作者是乔治·克拉森(George S. Clason)，写于1926年，近100年前。当我再次读这些短故事和寓言时，我像回到了古老城邦里尘土飞扬的街道上，我与战车制造者和诗人一起坐在巴比伦最富有的人的脚旁。克拉森的话让我重拾了这一路上失去的希望和梦想。我在此刻一团糟的处境中看到了一条新路，但我知道我无法独自前行。

当我低着头，拿着这本书怯懦地靠近莉莎时，我已记不得她是如何作答的了。她最近回忆起她当时说的话："我只是一名护士，对做一个有钱人没兴趣，但我觉得书中的这些想法很有道理。它们给了我们方向和承诺的稳定性，并且让我感到安全。那天我听见大卫许诺我们的未来，我的心就已经嫁给他了。"

我深爱着的这个年轻护士的回答指出，我们都与金钱有着深刻的、错综复杂的关系。很少有主题能如此触及我们的内心——我们有多少钱、赚多少钱、给多少钱、留多少钱。金钱可以让我们喜悦、伤心、充满希望、恐惧、灰心、慷慨或贪婪。婚姻会破碎，战争会爆发，人们会罢工、抗议、暴乱，并为此进监狱。人们也会因为没有钱而陷入饥寒交迫或者变得无家可归。慈善机构、医院和教堂都需要金钱来给予我们情绪、肉体和精神需求上的帮助。相比于其他主题，《圣经》中讲了很多关于金钱的事情，还有我们与金钱的关系。金钱代表了很多事情，但最明确的就是，它非常重要。

从《巴比伦最富有的人》这本书中，我和莉莎懂得了"财富就像一棵树"，我们攒下来的每1美元都是一棵树的种子。因此，我们采用了克拉森黄金法则的第一条也是最重要的一条，那就是不管发生什么，我们都要把10%的收入存起来。

我们在1989年存下来的首个100美元是我们在正确的道路上前行的一小步。当时的我们无从知晓自己在那本书中读到的话到底是否真实。

我现在是一名全职投资人。在一支小而精悍的管理团队的协助下，我们拥有并管理着一大笔不动产投资组合。租金带来的稳定现金流和我们赚取的收益，是我们在 2004 年以来唯一的收入来源。我们的财富可以让我们自由地环游世界并支持我们感兴趣的慈善工作，也可以让我们有能力帮助朋友、家人和偶遇困难需要帮助的陌生人。最惊人的是，我们的净财富在那段时间翻了两倍多。

未雨绸缪。

当我一开始想写这本书时，像其他优秀的投资人一样，我计算了一下成本，知道这要花费我几百个小时的独处时间，持续思考和写作。我最终决定写这本书有两个原因。第一个原因是我的父亲身份。当孩子最需要我的时候，我也许不能一直在身边指导他们或者他们的孩子。当难熬的日子不时降临时，他们想知道"父亲会怎么做？"，这总能帮助到他们。我写这本书的另外一个原因是想帮助那些和我 30 年前一样陷入绝境和迷茫的人。我知道他们有多恐惧和绝望。振作起来——总有一条路会带我们走出泥泞。

这本书分为四个部分。

第一部分"独特非凡的智慧"论证真正的财商更多的是关于坚持、决心、自知之明和自我控制,而不是学业成绩或智商。不论我们是谁或来自哪里,都可以过上充满选择和机会而不是悔恨和债务的生活。第二部分"财富自由的6个经验证有效原则",探索支配财富创造和管理的普遍原则,以及任何地方的任何人——不管是富人、穷人还是破产的人都可以应用。第三部分"财商投资",我们会发现适用于小白投资者的强大而行之有效的策略,在绝大多数时候,这些策略的表现都会超过专业的财富经理。

随着就业市场的变化,做生意的人越来越多。拥有并经营我们自己的公司也许是最大的财富来源。企业家享受创造性的自由和不必为其他人打工的独立性。然而,从雇员变成雇主并不是没有风险的。未知的环境变化或疯狗浪①的突然出现，把多年努力的积累抹杀。第四部分"精明的企业家"，着眼于企业所有权的本质，并且为读者展示如何在创业的同时保护和管理他们的个人财富。

那些不计其数的财富专家和作家，试图用崭新的令人信服的方式传达占据市场多年的那些相同的看法。我加入科普作者队伍的原因是这些原则切实有效。它们改变了我的生活，如果你愿意，它们也将改变你的生活。

我只提出一个警告。当我们阅读这些真理时，不要被它们的简单愚弄。真理总是简单的。

当我和莉莎将克拉森黄金法则应用到我们的生活中时，我们的信心随着银行账户余额的增长而提升，而且我们开始与朋友和同样陷入困境的人分享我们的感悟。我们甚至给他们买了几本我

---

① 人们在海岸开展戏水、垂钓或游览等活动时，经常被突如其来的大浪卷入海中身亡，此种毫无征兆的大浪非常危险，因此民众称之为"疯狗浪"。——译者注

们最喜欢的书。在最初的几年里，我们总是为能用这些知识给朋友的生活带去改变而感到欣慰。然而，随着时间的推移，当我们发现他们中的一些人什么都没做或根本没有任何改变的时候，我们的兴奋被困惑取而代之。在那之后，我们见了来自各行各业的人，还有许多受过高等教育的专业人士，以及和我们的朋友一样努力奋斗的人。他们的房子也许更大，车子也许更好，但他们的问题是相同的。

因此，为什么要让我们的一些朋友和其他人忽略这些可以改变我们生活的普遍原则呢？有没有一种独特非凡的智慧——财富智慧或者财商，是一些人有而另外一些人没有的？

我相信有。

第一部分

独特非凡的智慧

> 心理学的一个公开秘密是，尽管学业成绩、智商或 SAT 分数具有普遍的神秘性，但是它们无法相对准确地预测谁会在生活中取得成功。
>
> ——丹尼尔·戈尔曼（Daniel Goleman）
> 《情商》作者

1
学业成绩被过度放大

当我还是一名年轻的房地产销售人员时，我在一个意大利居民区挨家挨户地上门推销，这时我第一次萌生了一个想法：会不会存在一种独特非凡的智慧，是一些人有而另外一些人没有的。我经常被邀请进门，和居民探讨房产价值和市场环境。

我做客的这些保养完好的红砖房子通常都有着修剪完美的草坪、整齐漂亮的护栏和结满了多汁的罗马番茄的菜园。每一座小城堡都摆满了过去和现在几代人的家庭照片。我一直很喜欢这些亲切生动的谈话，听他们说着蹩脚的英文，喝着他们招待我的自酿葡萄酒。但谈话结束后，我通常比谈话前更加困惑。当我的父母终生都在为房租发愁的时候，这些热情的移民是如何有能力买到这样好的房子和街角两座联排复式住宅的呢？

难道他们有什么不为人知的秘密吗？

当我和一个好朋友佛朗哥说起这件事情的时候，他脸上狡黠的笑容一闪而过。他家里的故事给了我们一些线索。

佛朗哥的父亲卡尔梅洛，1925 年出生于意大利南部卡拉布里亚地区一个叫作陶里亚诺瓦的小村庄，在两岁时就成了孤儿，后来被身体不好的祖母抚养长大。作为家里唯一的"男丁"，卡尔梅洛不得不在大萧条和第二次世界大战期间承担起照顾祖母的责任。这些责任和这个世界的残酷现实，让他没机会接受正常的教育。

在 1945 年，他 20 岁的时候，一个富有的亲戚赞助他移民到加拿大的渥太华,他才终于得到喘息的机会。身无分文的他,住进了亲戚家,而且通过朋友的关系很快在一家天然气公司找到了工作——挖天然气管道。刚安顿好,卡尔梅洛就给陶里亚诺瓦的家里寄了信,告知他的好消息并且向青梅竹马的安吉拉·罗莎求婚。

新婚后,为了照顾妻子和保障他们未来的生活,卡尔梅洛任劳任怨地为天然气公司挖管道。他从不拒绝加班,就是为了可以多拿加班费。几年后,卡尔梅洛和安吉拉存了点钱,并在适当的时候投资了房产。他们养育了5个儿子,每个孩子相差两岁。在他45岁时,也就是在他身无分文地来到加拿大的25年后,他们拥有5栋完整产权的复式住宅。

卡尔梅洛厌倦了过去辛苦的日子,在保证了未来财富的情况下,他觉得还是在库房里找个不那么辛苦的工作比较安全。生活很美好,家庭的未来可期,直到悲剧降临。换了工作没多久,卡尔梅洛在一次工作意外中身亡——库房中的一辆铲车意外翻倒压在他身上……剩下安吉拉一人，身穿黑色丧服，悼念她的爱人并独自抚养儿子们长大。

佛朗哥说，他的母亲就是用那5栋复式房子的收入养大他们几个孩子的。如果没有这笔收入，他的母亲会被生活所迫而做一些低收入的苦力活。庆幸的是，她可以像之前一样待在家里，照顾她的儿子们。

佛朗哥的母亲最近在她90岁的时候过世了。那5套复式房子仍属于她。这么多年唯一改变的只是房产的价值。

安吉拉·罗莎拥有超过1200万美元的身家。

佛朗哥的父亲当时无法预测到，他辛苦赚钱买来的房子有一天对他的家人意味着什么，而且他也许并不知道什么是智商测试或SAT分数，但他拥有更重要的特质。他是一位好父亲、好丈夫，也是社区的好居民。此外，他积极、有恒心、坚毅且谦逊。他有自知之明和自制力，也有延迟满足的能力，他也懂得眼下的付出是为了长远的所得。这些都符合心理学家和畅销书作家丹尼尔·戈尔曼博士对情商的阐述。戈尔曼开始对"智商"这个不起眼的概念感兴趣。他知道智商与某些人的生活有关联。低智商的人通常做着低收入的体力工作，高智商的人有时候可以从事高收入的工作。但他指出，事实并不总是这样的："在决定人生成功与否的因素中，智商最多占20%，剩下的80%都是其他影响因素。"

戈尔曼相信学业成绩被过度放大了，社会上普遍过度强调学业成绩，把智商作为预言成功的关键。他总结道："拥有高智商的人也可能过不好一生。"

学业成绩、智商或SAT分数并不能准确地预测一个人是否可以过上充实而有意义的生活。

早在2008年我的儿子练习曲棍球时，我就希望能随身携带戈尔曼写的《情商》这本书。我家附近当时有四个运动场、一个健身房、一个曲棍球店、一个幼儿日托中心和一个特许经营区，那天上午的活动进行得如火如荼。这是曲棍球队、啤酒联赛①和花样滑冰俱乐部的所在地，是我们居民社区的一个重要组成部分。

当我站着看到我的儿子"砰"的一声倒在地上，我不禁想到我们一家人在过去的20年里是怎么过来的。1989年白手起家，我和莉莎遵循《巴比伦最富有的人》一书中的原则，一起开启了新的生活。当然，过程中也充满了挑战，但我们最终以惊人的方式重新站了起来。

当我吹着咖啡上的热气，陷入这些愉快的思考时，我身边站着的一位女士用她大声的怒吼将我拽回了现实。她摇着头持续不断地向她的一个朋友大声且激烈地抱怨她的儿子。"我早就告诉汤米必须要得高分，否则他这辈子什么都不是！"

我认识汤米。他是我儿子的朋友，而且是一个好孩子。

这辈子什么都不是！ 这位女士恶毒的话语回响在我的耳边。她怎么敢如此公开预判她儿子的

---

① 这里指的是啤酒商赞助的冰球联赛。——译者注

人生呢？我突然感觉像回到了小学时的那个小男孩，守纪律却被排挤。我感到像被扇了耳光一样。我脖子后的汗毛竖起，我的眼睛也眯了起来。我的反应让我想冲向她并打断她的谈话，为了给他儿子撑腰，也为了我，以及其他任何在学校里挣扎的孩子。但我知道这样做肯定不会有好结果。所以，我只能摇了摇头，叹气，闭上嘴巴并走开。我没有告诉她，让她读一读戈尔曼关于情商的书，也没有告诉她，站在她旁边的我是这个运动场的所有者。

需要澄清的是，我是教育的推崇者，而且非常羡慕那些拥有高智商和学术天分的人。关于戈尔曼的观点，我同意的是，那些特质本身并不能保证财富或其他方面的成功。为了知识本身而学习是毫无价值的。佛朗哥的父亲并不需要读大学就知道无论如何他花的必须比赚的少才能为以后存钱。他知晓短期的牺牲可以带来长期的收获，并且知道需要和想要的区别。他家的生活节俭但富足，而且没有从任何人那里借过钱。佛朗哥的母亲在后院打理着一个非常漂亮的果园，可以供他们一家人吃用。就像过去那样，一切都是靠自己。家里经常弥漫着手作面包、意大利面和红酒的香气。他们全家每年只出去吃一次饭。安吉拉·罗莎还为全家人裁制衣物。佛朗哥和他的四个兄弟，作为免费劳工，会刷油漆和除草，这样就可以维持他们两个街区范围内的房屋出租收入的不断增长。有组织的运动是不可能的——因为太贵了。在屋前的街头打曲棍球是他们最喜欢的消遣方式。佛朗哥说，他们从来没有觉得自己过得很拮据。

就像与我一起喝家庭手作红酒的那些房产客户一样，卡尔梅洛懂得财富自由的 6 个经验证有效原则。他知道自己必须做到：

1. 把收入的一定比例**存**起来
2. **控制**自己的支出
3. 让自己的财富**增值**
4. **保护**财产并防止损失

5. **拥有**一栋房子
6. **提升**赚钱的能力

因此,他坚持投资自己知晓且能控制的领域——他周围街区的复式公寓。资产会随着时间升值而且可以为未来提供长期收入。

卡尔梅洛是真正拥有财富智慧的人。

简要概括

- 真正的财富智慧,或者我们的财商,是随着阅历积累的财富智慧与知识的综合体,是在健康的情商指引下的一种宏观能力或生活指南。
- 我们的情商和财商会随着时间提升和演进。
- 学业成绩的好坏与是否成功没有关系。

2
永远不要低估弱者的决心

当然,我们不是生来平等的。有些人会比其他人更强壮、更敏捷、更聪慧。有些人出生在有爱的家庭,并被竭尽全力地支持和鼓励。有些人却什么都没有。好的消息是,我们能否成功与我们是否拥有这些无关,与出生在何种家庭也无关。生命中最重要的是如何运用自己拥有的条件和事物。

我的朋友兰斯就是一个很好的例子。他出生

于1956年的一个部落家庭，在一个没有自来水也没有电的油纸窝棚里长大，整日的生活只有妄想和争端。兰斯自从学会走路就在家族农场里打猎或者捕鱼。他是一名神枪手，在7岁的时候就猎捕到了第一头鹿。兰斯的父亲在年轻的时候离家出走了。他的母亲没有读过书。这个大家庭中唯一识字的是他的祖母，而她显然就是一切事物的权威。

《读者文摘》是她的圣经——她把书堆得到处都是。

在20世纪20年代末，兰斯的美国祖父母阿奇和勒妮沿着伐木的路途进入了华盛顿山区，去寻找自由的土地和更好的生活方式。他们那时不知道而且多年后当政府调查员出现时才发现的是，他们的农场根本不在美国境内，而是在北纬49°以北三千米的不列颠哥伦比亚省，位于加拿大境内。一夜之间，进入他们定居点的唯一的伐木道路变成了一个过境点，他们成了加拿大人。

孩子都没有上过学,大人也没有在家里教过他们。当一名记者听说了这个被困在山里的部落聚居地时,一切都变了。他们不可思议的故事,附带着家庭合影,登上了新闻头条。兰斯给我看过他在图书馆找到的一篇20世纪60年代的文章复印件。好莱坞都编不出这样的角色。他的母亲,穿着褶皱的衣服,拿着不离手的步枪,严肃地站在她那四个邋遢的孩子的身边。兰斯回忆起当他看到这张全家福照片时感到的困惑。因为那时他们没有镜子,所以他认不出自己。

媒体的突然关注引来了一位媒体工作者的访问,她告诉兰斯的母亲,按照法律规定,孩子必须去上学。兰斯和他的兄弟姐妹被困在没有道路通往任何加拿大社区的山区里,因此他们不得不花将近一个小时的时间穿过灌木丛,沿着峡谷蹚过小溪,爬到山的另一边,然后在一条小径与碎石路的汇合处,搭乘巴士前往九英里[①]外的奇利

---

① 1英里=1609.344米。

瓦克学校。

四个兄弟姐妹都从一年级开始读起。最小的6岁,最大的9岁,兰斯7岁。对穷人和没读过书的山区孩子来说,在一年级教室里遇到的文明景象是一次超现实的经历。兰斯在学校里游荡,终于在九年级的时候辍学了,那时他仍连菜单也不认识。他因触犯法律在少年看守所短暂停留过,后来做了很多没有前途的工作,他的未来看起来并不比过去好。

在21岁的时候,兰斯终于学会了读书认字。知识为他打开了通往一个充满机会的全新世界的大门。1980年,他找到了一个销售复印机和当时看起来具有革命性的手提电脑的工作。在挨家挨户地敲门推销过程中,兰斯发现许多生意人都想买一台这种新机器,但不知道如何操作。商业逻辑入门课程中谈到要找到一个需求并且填补它,兰斯发现了这个机会。他开设了自己的电脑培训学校。

就像他说的,掌握时机就是掌握一切。他的

新生意风生水起,他抢占并巩固了市场份额。兰斯在他退休前的20年里,通过这个生意赚了大钱并且变得富有。

我对兰斯在青少年时期的智商测试中接近平均水平的得分感到怀疑。不认字、贫困潦倒、与世隔绝为他设立了看起来不可逾越的障碍,而且从大多数标准来看,确实是这样。但这些外部条件并不能代表全部。

生活在没有电和自来水的大山里,通过种地、狩猎、捕鱼和物物交换实现自给自足,这需要毅力、决心以及自律。这需要延迟满足的能力和大多数城市居民都不需要的强大动力。在识字以后,兰斯把这些品质和情商运用到了他设定的目标上,并且成功了。

我们也可以。

简要概括

- 我们的过去不能定义将来。
- 生活的成功并不是我们拥有什么,而是如何运用自己拥有的。
- 专注地坚持不懈是无法阻挡的。

3
有失偏颇的真相根本不是真相

我不喜欢被人看成是骗子,尤其是公开地被一些我几乎不认识的人非议。但我在波士顿的一个会议上就恰巧遇到了这种情况。当时我正和一群年轻企业家共进晚餐,探讨是什么促使我们成功这个话题,我说:"我觉得我成功的动力,是因为我一无所有。"

坐在我对面的绅士直勾勾地看着我说:"我觉得这是胡说八道……"

谈笑间，一桌人瞬间变得鸦雀无声，我的笑容消失了。有一个率直的企业家趁这个空当说起了他的故事："我来自一个富裕的家庭。我的父亲是一个成功的企业家。当我高中毕业时，他给了我一张100万美元的支票并对我说'这是你的人生启动资金'。"

他接着解释道，他接受了这笔意外之财，买了一辆非常棒的二手雪佛兰科迈罗，剩下的钱用来完成大学学业。从计算机科学专业毕业后，在互联网的鼎盛时期，他和同学成立了一家咨询公司。他们刚刚以几百万美元卖掉了这家公司，现在他正计划和他的老婆孩子一起进行环球航行探险。

当我更深入地思考这位晚餐同伴的评论时，我欣赏他因为坦诚而承担的风险。我没有坦诚地对待自己。社会经济各个层面都充斥着懒惰和野心。我的论断不过是浪漫的陈词滥调。我一直在潜意识里告诉自己的人生故事，是基于一个有失偏颇的真相，而这根本就不是真相。

我们人类是复杂的生物，我们对外界事物的应对方式，是由代际塑造的家庭、文化和社会经济背景影响的。我们思考的原因和行动的方式同我们自身一样复杂。但我们不必被这些定义。

堪萨斯州立大学的金融心理学家布拉德利·克朗茨（Bradley Klontz）和他的合作伙伴索尼娅·布里特（Sonya Britt）将这一课题作为研究重点，并开发了一个在线预测工具，可以帮助人们更好地了解自己的财务行为。他们的研究表明，我们的财务行为都是根据四种财富观念来施展的：回避、崇拜、炫耀和警惕。

回避

金钱回避者认为金钱是罪恶的或认为他们不配有钱。金钱被看作恐惧、焦虑或厌恶的源泉。金钱回避者认为富人是贪婪和腐败的，而少花钱才是美德。金钱回避者有时会在矛盾中挣扎，一方面认为金钱可以解决他们的难题，另一方面认为财富是可耻的，又过分地将金钱与自身生活满意度相关联。

崇拜

拜金者相信金钱是快乐和解决所有难题的关键，所以对金钱的追求永远不会让他们满足。这种不满足有时候会导致用花钱来买快乐。囤货、过度负债和工作狂可能是拜金主义的负面影响。

炫耀

追求金钱地位的人把净资产和自我价值视为同义词。他们可能会看起来比实际更有钱，但不好的结果是，他们会过度消费。他们相信人们的快乐与拥有的金钱成正比。

警惕

金钱警惕者很警觉、善于观察并关心他们的财务福利。他们相信存钱非常重要，并且要靠工作赚钱。如果不能用现金购物，那么他们宁愿不买。除了与他们最亲近的人，他们倾向于对自己的财务状况感到焦虑并讳莫如深。

克朗茨和布里特相信这些观念根深蒂固,与文化相关联并传承。

就像电影剧本一样,我们的财富观念是告诉自己的金钱故事和我们与金钱的关系。了解我们的真正所想所感并究其原因,是形成健康的金钱观念的第一步。

金钱回避者的传承

我在蒙特利尔西部的工人阶级社区长大。我们家一直是租房住。父母在一个拥有三个街区的社区里租了一间拥有三个小卧室的公寓,那个社区里的房子都是一个模样,并且内部相联通。如果我们不被中途抓下来,我和朋友可以在屋顶上从街道的一端跑到另一端。我们玩耍的主要场所就是街道、后巷和厂区。

我还记得在街对面的牛奶装瓶工厂的装载码头上玩。它的混凝土地面上有两条大型传送带,把成箱的牛奶和奶油不断地运到装在码头上等待装载的卡车上。一天下午，我们突发奇想地决定站在传送带上，看看将会被带到哪里。我永远不会忘记，当三个衣衫褴褛、瞪大眼睛的八岁男孩慢慢地从他们身边走过并在工厂里一边偷笑一边私下参观时，那些在装瓶机上辛苦工作的人们露出的震惊表情和同谋般的笑容。没有人告发我们。

20世纪60年代，我们这些孩子的自由生活是美妙的。只需要10美分，我们就可以乘坐30分钟的公交车到市区。我们在这段路途中一路穿过富人社区。我还记得当时盯着窗外那些保养良好的红砖房屋，它们坐落在斜坡上面修建平整的草坪上，路边种植着枫树、橡树和垂柳。这些宽阔且绿树成荫的街道和绿洲般的公园给人柔和、宁静、安全的感觉，与我们玩耍的长满植物的阳台和开裂的人行道形成了鲜明对比。虽然我很爱我出生并长大的地方，但我还是禁不住想，住在富人社区的这些干净、整洁、脸上洋溢着幸福的人比我们要好。

我相信我的这个想法是受到了父母潜移默化的影响，他们信奉的是金钱回避者的观念，他们认为他们不配拥有金钱，而且有钱人都是贪婪和腐败的。我的父母把金钱视为恐惧、焦虑和厌恶的源泉。他们是大萧条时期出生的孩子。我的母亲是一个孤儿，曾经被法庭监护，寄养在一些贫困社区家庭，像皮球般被踢来踢去。她学会了靠心机获得生存，尽可能地利用"系统制度"。在13岁那年，她终于可以在城郊一个富裕家庭里长住下来。但那时，她受到的创伤已经无法治愈。

我的父亲来自一个有爱的教会大家庭。然而在他13岁那年，他被迫辍学在家帮忙抚养他的9个兄弟姐妹。他去印刷厂工作，在油漆罐上焊接盖子。他经常对我和我的兄弟说："那时我每周赚8美元，其中6美元给家里，剩下2美元留给自己。"父亲作为一个工作又冗杂又辛苦的蓝领工人，我为他的含辛茹苦、不求回报感到骄傲。

我母亲童年时期的不稳定和物质匮乏的生活

让她有根深蒂固的穷人心态，这种心态根植于对权威的恐惧和不信任，而我父亲的背景则不相同。他们对富人有着难以言说的怀疑和愤恨。他们对富人的定义从来都没有清晰过，但作为孩子的我感觉他们眼中的富人应该是那些在好一些的社区居住，拥有自己房子的人。

观念不是事实

回顾过去，你可以很容易地看出我家里的财务问题，更多的是观念上的，而不是事实上的。我的父亲在铁路工会工作，我的母亲身体好些了以后，工作是护士助理。桌子上有吃不完的食物、永远有衣物穿、圣诞树下总有礼物。我有一些朋友来自邻居里靠社会救济的单亲家庭。他们是贫困的，而我们并不是。

作为一个年轻人，我拒绝我从小到大具有的那种暗无天日与绝望的穷人心态。城市的另一边是更美好的未来。我把财富看作治愈一切的良药，无论冒任何风险都必须去到那里。追求财富以外的任何事情都不重要。除了周末可以让我吹散一周工作辛劳的聚会外，我没有爱好也没有兴趣。我成了不健康的拜金者。

克朗茨和布里特相信一些人可以通过巧妙地融合两种及以上金钱观念的方式进行操作。我想这也许可以解释为什么我感觉我在特定环境下就是这样做的。在一个阳光明媚的下午，我与家人自驾游就是一个很好的例子。当我们驾车通过镇上一个位置优越的游艇俱乐部时，我对那些身穿蓝色夹克的会员说了一句欠考虑且不礼貌的评语。我那些话的意思是，那些有权势的人是为了社会地位而加入这些俱乐部的。莉莎转向我，淡定地在我们的孩子面前质疑我的观点。我无力地辩解，但很快就认输了，那不过是无用而空洞的吐槽罢了。我那不合逻辑且不善意的偏见深深根植于我童年的不安全感与我父母的金钱回避者观念之中。

虽然我现在可以肯定地说，我的主要金钱观念是警惕者，表现为我注重储蓄、投资和财产保护。但我仍然在与我过去那些不太健康的金钱观念做斗争。每当我放松警惕，金钱回避者和拜金者的观念都会抬起它们丑陋的面孔。

对金钱的热爱

有些人觉得对金钱抱有太多兴趣是肤浅或庸俗的，并迅速引用《圣经》里的话："金钱是万恶之源。"这句经常被错误引用的诗节实际上表达的是"对金钱的热爱"，并非说金钱本身是万恶之源。金钱是个道德中性词，它可以是善恶、傲慢或谦逊的驱动力。最重要的是，我们会把金钱放在心里的哪个位置。

兰迪·奥尔康，《金钱、财产与永恒》(*Money, Possessions, and Eternity*) 一书的作者，说《圣经》中有2350个提及金钱的诗节。关于金钱，耶稣说的比天堂和地狱还要多。金钱显然并不庸俗，而且它始终是一个内容丰富的话题。

我的朋友克雷格从小在泰国长大，他对这个话题有着非常深刻的个人理解。当我询问他的金钱观念时，他毫不犹豫地用一个童年的故事做了回复：

我从小就是一个传教士。我的家人承诺要在泰国服务，并依靠财政支持和教会的捐赠而生活。在一个闷热潮湿的夏季傍晚，我和父母、兄弟姐妹一起站在一个圣经训练营的舞台上。在一系列激动人心的古老福音赞美诗之后，我们被带上舞台，简要分享我父母做的工作。我也被要求用在泰国学习的泰语说几句。我感觉我像一个杂耍的猴子，但爸爸瞟了我一眼，意思是告诉我现在不是出风头的时候。

我曾经对这种形式的展示介绍很感兴趣，但接下来发生的事情让这个七月的傍晚变得与众不同。晚会的主持人拿起麦克风并盯着台下这群富有的西方人说："朋友们，这个家庭需要我们的帮助。而且我知道我们想要为他们祈求上帝的保佑。我听到有人捐3000美元是吗？5000美元怎么样？"

当这些富有的宗教成员在其他人的掌声和赞

扬声中站起来的时候,我和家人像拍卖会上的羔羊一般站在舞台上。我满含羞耻地看向观众,忍住耻辱的泪水,发誓长大后这种事不会再发生在我身上。

在我创业生涯的早期,我冒着不良的财务风险,哪怕会让我和家人的生活陷入困境。我对达成一定"财务状态"以及想被看作一个成功人士的渴求让我忽视了财务现状。感谢我的家人和我的朋友与我患难与共。

现如今,我在实现自我价值与净资产之间不断挣扎。我很难不去冒更大的商业风险,但我会向那些鼓励我保持耐心的人寻求建议。

自我意识是改变的开始

克朗茨和布里特的金钱观念调研与预测工具基于网上的422份个人问卷调查,是在财务规划师、培训师和心理健康提供者的帮助下进行的。问卷回复者大多是中年人(41岁到50岁)、白种人(占82%)、受过高等教育的人,他们的平均年收入为6.5万美元。这些样本太少，因此无法确定并了解每个人对金钱的想法和感受。然而，我确信这项研究具有重大意义。当我们试图用语言表达我们对这个温柔话题的更深层次的想法和感受时，这种语言和思想就显出了用处。

我们将会在接下来的篇章读到实现财富自由的6个经验证有效原则，它们很简单而且应该很容易应用。我们不应用这些原则的原因和了解我们自己一样复杂。可以花点时间思考这四种金钱观念，问问自己最经常遵循的是哪一种以及为什么，可以帮助我们发展自我意识，这是应对会剥夺我们应有自由与财富的非理智情绪的不健康反应的第一个关键步骤。

现在就花少许时间来问问我们下面的四个问题，并写下感想总结：

- 回避、崇拜、炫耀和警惕这四种观念，哪一种最可以描述我与财富的关系？（如果多于一种，请按主次排序）
- 这种观念是如何形成的？（一次童年经历、

父母、遗传等）

- 这种观念是我追求快乐、健康财富生活中的好帮手还是绊脚石？为何会这样？
- 我可以做哪些积极的改变能够改变我现在的观念？

> **简要概括**
>
> - 我们对金钱的看法受家庭背景的影响。
> - 我们都有让自己犹豫不前的不理性的看法和偏见。
> - 坦然接纳自己如何以及为什么与金钱产生关联，这一点至关重要。
> - 金钱是一个道德中性词。它可以助善也可以扬恶，这取决于金钱掌握在谁的手中。

第二部分

财富自由的6个经验证有效原则

就像万有引力原则,"这些金钱原则"是普适且永恒不变的。

——乔治·克拉森
《巴比伦最富有的人》作者

4

经验证有效原则 #1：储蓄

我们需要用钱生钱。这就是为什么把 10% 的收入储蓄起来是六个原则的**第一个也是最重要的一个**。它是其他五个原则成立的基础。如果我们领会了这个原则，我们的信心和热情会随着银行余额的增加而提升，其他的都会自然而来。

当我们开始把所有收入的 10% 存起来的那一天，我们的财务生活将发生根本性转折。通过这样做，我们在未来财富的控制力与无尽的随机需求、压力、日常冲动消费的欲望之间进行角力。要么我们掌控财富，要么财富掌控我们和家人的生活。这是我们不得不面临的选择。

我能理解第一个原则的不可动摇性乍听起来是有些戏剧化或不切实际的。但我向你保证不是这样的。假设有一天，我们比现在少赚了10%的钱，或者政府增加了10%的税收，我们的生活会完蛋吗？当然不会。我们大多数人只是发发牢骚，调整并适应新常态，然后继续生活。

第一个原则不能有例外。随心所欲是秩序的敌人。把我们所有收入的10%存起来是保护自己的最好方法。

无论是减肥、健身塑形还是存钱，我们都往往高估一年内的成绩，而低估20年、30年甚至40年后的成就。每年一月份，健身器材前挤满了豪情万丈的新会员，他们挥汗如雨、气喘吁吁地奔向全新的、更健康的和苗条的自己。健身房里那些身材超棒的常客已经对这样的场景见怪不怪了。他们知道在新年里下决心的这群人通常会在情人节（2月14日）放弃。众所周知，雕塑般的形体不是几个月就能练出来的。真正的健身是马拉松式的，绝非短跑冲刺式速成的。这是一种生活方式，而不是一场活动。

我之前曾经在存钱方面小有成绩。但是我的下一辆车、假期、突然的花销或创业想法通常会把这些储蓄花光……只剩下政府的税单和勉强度日的我。我的问题是，我的生活开销似乎神奇地与我的收入直接相关。我赚的越多，我买的车子、衣服和餐食越好。**为什么不花掉呢？我工作努力，豪车与锦衣玉食是我应得的**。像大多数人一样，我也有过反向储蓄的过程：我先花着赚到的钱，剩下的才存起来，而不是先存起来10%，再花掉剩下的部分。

一个隐喻的篮子

最好的开始方法是开立一个独立的新账户，专门用来存这10%的收入。当你开户后，就把你赚到每一块钱的10%都存进去，无一例外。

我记得莉莎在存款几次后给我看了我们账户

的余额。虽然几百美元很少，很难让人兴奋，但我确实记得那时我心中闪烁的希望，我们开始步入正轨了。我们一起种下了未来财富的种子。幸运的是，它们在生长。要记住：当这笔钱存进了这个"10%账户"，我们自己、家人、朋友或者债主就不能随意动用了，任何原因都不行。这**不是**一笔应急基金。

一旦钱进入了这个账户，就不能再取出来了，只能安全地存起来，直到我们老去。

首先，我们的"10%账户"是一个真正的银行账户。然后，随着余额的增加，我们可以开始把这笔钱投资在那些安全、长期的项目（换句话说，可以是无风险的股票、自住的房子或能够产生收入的不动产），我们的"10%账户"好比一个篮子，在这里我们的储蓄得以增值。"10%账户"获得的收益也永远只能为以后存着。

想要的往往比赚的多

当我和莉莎努力再次开始时，看着作为备用金的"10%账户"里的余额不断增加是那么的诱人。但我们知道我们想要的往往比赚的多,因此无论因为什么破例使用这笔钱都将意味着它的终结。这笔钱的提取和使用是受到严格限制的。就当没有了!我们永远不能因为其他什么原因动用这笔钱,除非是为我们的未来做明智、可靠的投资。

所有原则中第一个也是最重要的原则是决不能轻易突破的。

> **简要概括**
>
> - 把收入的10%存起来是根本性原则。
> - 如果我们不理财,财就会不"理"我们。
> - 随着银行余额的增加,我们存钱的信心与热情也会与之俱增。
> - 我们的"10%账户"是个隐喻的篮子,代表我们已经存下的钱以及用这些储蓄进行的投资,比如我们住的房子、能够产生收入的房产和股票。

5

经验证有效原则 #2：掌控

有一次，当我把车停在家附近的加油站时，我的心情很沉重，这并不是因为加油机上显示的油价涨价了。那天我心碎是因为我看到在垃圾桶里来回翻找可回收瓶子的那个人和他的妻子。他和妻子看起来苗条又健康，像两个中产人士，就像是我们在当地不用牵狗绳的公园里碰到的正在遛狗的退休老人。这对夫妻明显很尴尬，他们在一个个垃圾桶之间翻找并躲避任何人的目光。那次偶然的一瞥一直萦绕在我的心头。我想了解更多，究竟发生了什么事，让这些人在年老之时落得如此境地？

一个在当地食物银行①做志愿者的朋友告诉我，每天有那么多依赖食物银行生存的老年人大大地震惊了他。我们根本想象不到他们竟然以依赖食物银行为生。我明白控制花销与培养自制力并要求我们过力所能及的生活只是一个平淡无奇的观念；今天，你需要对某些人和某些事说不。令人兴奋的是想到一个更美好、更光明的未来——一个充满选择和机遇的人生，而不是充满悔恨和债务的生活。

如果我们把 10% 的收入存起来，控制支出，并强制我们只能花剩下的钱，我们也许会经历一种不舒服的生活方式的调整过程。我们那些最终失败的朋友，徒留负债、欲望，但他们混淆了想要与需要的区别，他们觉得必须在

---

① 食物银行是指专门为当地穷人发放食品的慈善组织。——译者注。

为未来做好储蓄之前获得满足。他们缺乏延迟满足必需的动力和控制冲动的能力。当我们决定掌控自己的财务生活并践行这些简单的想法时,他们是无法充分体会到我们瞬间平静的内心的。

今天,我们比以往任何时候都更不能依靠政府的养老金计划来供养我们。把你今天存下的钱当作明天为自己设立的退休基金。你的未来取决于它。

在进一步阅读之前,请花一点时间想象一个新的未来,没有银行余额为零的账户、没有未付账单,也没有债务的束缚。想象一个未来,你可以自由旅行并寻找激情,可以照顾你爱的人,还能支持你关心的事业。当你思考需要做出的调整时,请把那些愿景留在你的脑海里。你的观点决定一切。我们那些放弃了这些想法的朋友把这些看作牺牲,而不是为了一个更光明的未来而投资。

需要和想要

事实是，不论我们赚多少钱，我们的生活花销都将会永远与我们的收入成正比，除非我们做出对抗。

当我们开始控制支出时，务必分清我们的需要和想要之间的区别。我们需要食物、住所、衣物，也许还有一辆汽车。在选择这些物品的种类、大小或者质量和数量的时候，我们会遇到很多种可能，每一种价格都不同。正是因为有了网络营销，我们无处可逃。搜索引擎和社交媒体网站监控我们的行为并无时无刻不弹出与我们无意间搜索内容相关的广告。在夺取我们生活的财务控制权的战役中，以应有的蔑视态度拒绝这些营销信息，并选择经济与高效的方式，用智慧的财富方法满足我们的真正需求，接受短期付出是为了长期回报的想法。记住"少即是多"，今天的延迟满足会换来明天的巨大回报。

我们为什么这么做

说到控制我们的花销,重要的是要弄懂我们为什么做这个决定。埋头反思过去花钱最多的错误是需要勇气的,而且这种自省在培养成功所需的自我认知过程中是至关重要的。

我在22岁时冲动购买了一辆车就是一个例子。我阴差阳错地进入了一家通用汽车旗舰店去"看看",然而3个小时后我驾驶一辆新款跑车离开了。我永远不会忘记在这辆炫酷的新款珍藏版科尔维特周围踱步时感受到的一系列情愫。强大的3.5L发动机和柔软皮革内饰的味道让我挪不动脚步。我的心怦怦跳,脖子后面的汗毛都竖了起来。22岁的我,身体里的每一个细胞都想要拥有这辆车。当我最终鼓起勇气问"多少钱"的时候,我彻底沦陷了。这辆价值3.2万美元的车分期付款只需要687美元每月。那天下午我把车开回了家,笑得合不拢嘴。我简直无法相信我的好运气。

一年后，当情况不太好的时候，我卖掉了这辆梦想之车。我损失了1万美元的尾款，而且白交了12个月的月供。在22岁的时候，我贷款购买这辆3.2万美元的车没有带来任何经济意义。所以，这到底发生了什么，是什么导致了这种短暂的冲动和与现实的脱节？

《情商2.0》（*Emotional Intelligence 2.0*）的作者特拉维斯·布莱德伯里（Travis Bradberry）和琼·格里夫斯（Jean Greaves）认为，情绪天生就在大脑里占据着上风。很明显，我们看到、闻到、尝到或摸到的任何事物以电流信号的形式在我们身体里流窜。这些信号从一个细胞传导到另一个细胞，直到它们到达并进入我们的大脑底部靠近脊髓的位置，然后它们向上传导到掌控着理性、逻辑性思维的额叶。具有挑战性的是，这些信号在传导的过程中会路过制造情绪的大脑边缘系统。这段路程决定了情绪先于理智发生。布莱德伯里和格里夫斯认为大脑里的情感和理性的交织形成了情商。

作为一个22岁的年轻人,我大脑里的理性和感性部分还不知道彼此的存在。面对缴税通知单时那种痛苦的想法和感受总是会为买一辆新款科尔维特或周末聚会带来的更积极的感受让路。我的情绪往往占据上风。

我们是感性的存在。当说到控制花销时,我们都有自己独特的可以激发非理性感受的热爱、恐惧、兴趣和渴望。这些情绪常常会导致让我们过后会后悔的行为。花时间反思过去的错误可以更深入地理解隐藏的情绪驱动因素,从而可以在未来对抗它。

为了防止你受到伤害,你可以问自己如下几个问题,花点时间考虑一下然后写下你的答案。

我过去做过哪些让今天的我后悔的财务决定?

如何保证我不会再次犯下这些错误?

生活中的哪些领域最容易出现不健康的消费行为?

有哪些创新的、划算的方法可以让我不必牺

牲未来的财务状况就能满足现在的欲望?

一种新的生活方式

在宣布破产并阅读了《巴比伦最富有的人》以后,我花了好几个小时安静地回顾我过去的错误。失败之痛是屈辱和痛苦的,但它坚定了我绝不重蹈覆辙的决心。

为了控制开销并多存点钱,起初我和莉莎做的最大的改变之一就是决定开什么样的车。我卖了那辆之前贷款购买却无力还款的炫酷跑车,换了一辆用一两千美元现金买来的美国二手车。记得有一天晚上下班回家时,我开着一辆我们开过的最破旧的汽车。消音器破了一个大洞,让它听起来像是一辆咆哮的谢尔曼坦克。当我在一个交叉路口停车时,消声器像往常一样回火了,向空气中释放出大量蓝色的烟雾。在意识到我可能会引起其他驾驶者的注意后,我无意地向左瞟了一眼,看到坐在新款跑车里的两个年轻人在笑话我和我的破车。

如果在过去,我肯定会火冒三丈并向他们做出国际问候的手势。然而,现在我和莉莎的新生活已经三年有余,而且事情正在向好发展。我赚了大钱,我们刚刚搬进我们的第一栋房子里。我们的账单全部清零,"10%账户"里的余额一直在增加,而且莉莎第一次怀孕。我们有能力负担一辆更好的车,而且仍可以存钱做投资,但我为我的特价车而骄傲。对我来说,我们取得的进步,还有新生活给我们带来的平和的心灵,比起一辆车要重要得多。我们发现过这种精打细算的生活让人上瘾,而且我们想要更多。

因此,当绿灯亮起来,我踩下油门把看我笑话的人甩在了身后的浓烟里。我大笑的脸仿佛在说:"我们有规划。我们的梦想会逐渐实现,尽管缓慢,但我确信在某一天终将实现。"

当我们的"10%账户"余额持续增长时,我们会发现花钱带来的短暂快乐会被想要找一个更好的、存更多钱的方法的欲望而取代。开始仔细观察我们的消费习惯吧。当我们考核开销的时候，始终在脑海里问这个问题：这是需要还是想要？列出一个清单。一旦我们可以分清这两者，就可以慢慢回顾与反思了：

我的每一块钱都花得物有所值吗？

有其他更经济、节省的方法来满足我的需求吗？

及时行乐

的确，我们的生命只有一次，而且我们都想要活得彻底。想要全身心地追求我们热爱的事物，想要环游世界去探索新的文化与经历，去做志愿者，或者尝试一个没有工资的新职业。就像我一样，还能当一个作家。

所有这些目标都是令人钦佩的，但它们都需要时间、金钱和牺牲，除非我们已经很富有或中了彩票。这些都不是天上掉下来的馅饼。当我们获得拥有这些经验和机会的权利时，我们会更加富有。现在控制开销并过一种精打细算的生活会给予我们未来追求个人激情的自由。

远离负债

复利是财富本质里最巨大的能量之一。然而，它有两方面影响：当我们储蓄时它会给我们助力，当我们负债时它会对我们不利。如果你正在读这本书，并且目前正深陷个人债务的雪崩中，你可能会扪心自问，如何可以在存起来10%收入的同时，仍然履行偿债的义务。答案很简单：这肯定不容易，但仍可以做到。

更好的问题来了：如果我现在不开始存钱，那么我未来的财务生活会是怎样的？

你也许不得不请求债权人在之前债务合约的基础上延长付款期限。这不是一个罕见的请求。当债权人知道有可能出现违约时，他们往往会接受修改还款期限。经济上自力更生对每个人都是好事。

简要概括

- 我们的生活成本与我们的收入成正比,除非我们采取防护措施。
- 我们需要分清需要和想要之间的区别,同时寻找更加经济、有效的方法去满足我们的需求。
- 随着我们的银行余额增长,我们会发现花钱带来的短暂快乐会被想要找一个能存更多钱的方法的欲望而取代。
- 现在控制开销是可以获得更好未来的短暂牺牲。

6
经验证有效原则 #3：增值

金钱永不眠。它不知疲倦地劳作，每天工作24小时，一周连轴转7天。它从不迟到也不要求休息、涨工资或假期。金钱对我们的唯一要求就是有一份赚钱的工作。

如果按照股市里长期保守投资的每年收益率为7%，那么我们的钱每10年就会翻一番。复利投资收益是金融属性本身最令人惊叹的力量。那些善加利用的人就会赚钱；那些不懂得的人，则会为之付出代价。

财富创造中最不受重视的秘密之一就是金钱的自我复制能力。因此，为了确保我们完全理解这个激进的、可以改变人生的"世界第八大奇迹"，我想请大家短暂脱离现实片刻，跟着我一起前往另一个宇宙。在这个新世界里，我们每天不必在电脑上敲敲打打，也不用复印扫描。假设这里的货币是乒乓球，但不是普通的乒乓球，而是神奇的金色乒乓球，当我们把它们存起来，可以按照每年7%的比例增值。

假设我们每年可以赚到6万个乒乓球，存起来10%，换算一下就是每个月存500个，存够一年的时候，我们地下室的储藏柜里将会多出来6000个金色乒乓球。如果我们会精打细算，即使每年赚的钱不变，只要坚持这个储蓄计划，10年下来我们将会存够6万个球。但因为这些球本身还会神奇地按照7%的比例繁殖，届时会有超过8.5万个球出现在我们的面前，把地下室的娱乐室和炉子间里堆得满满的，挤得到处都是。尽管储存空间变成了一个重大问题,但对我们来说这是一件好事。

如果坚持原则,每个月存500个球,并且不使用掉的话:

•20年后,我们存下来的12万个球会增殖超过25万个。

•30年后,我们存下来的18万个球会增殖超过58万个。

•40年后,我们存下来的24万个球会增殖超过120万个。

那么,我们是一个乒乓球百万富翁了!

观察到这个比率在这些年里是如何加速增值的了吗?一旦涉及复利,时间就成了我们的朋友。30年后,乒乓球的数量只是3倍多一点。然而,在40年后,我们的24万个球(每年存6000个球)将会变成120万个,是我们存进去的数量的5倍。

恭喜一下我们吧!现在我们的后院中有一个集装箱,被120万个金色乒乓球装满,乒乓球每年仍然按照7%的比率增殖,还每年给我们

9.1万个球用来做生活花销，甚至比我们自己工作赚的还要多。到这时，我们不仅已经还清了房贷，而且可以准备光荣退休了。为了庆祝，我们刚刚订了一张环球旅行的头等舱机票。

我们后院的这个45英尺[①]长、9.5英尺高、8英尺宽的集装箱和我们的房子一样大。它可以装载140万个球，如果我们要存入更多的球，那么就只能再买一个集装箱了。所有这些都是通过量入为出，每月只存500个乒乓球来实现的。

不幸的是，住我们隔壁的好朋友弗雷德和贝蒂·史密斯一家的退休生活并不尽如人意。我们住在30年前从同一个开发商那里买的房子里。巧合的是，他们的年龄和家庭收入都和我们一样。

史密斯夫妇始终享受着丰富多彩的生活，夏天玩摩托车和高尔夫，冬天去滑雪和旅行，还连续多年去墨西哥一个一价全包的旅游胜地度假。每场派对，他们都有配套的前面印着#YOLO标志（意为"及时行乐"），后面印着卡波（Cabo）海滩派对的

---

① 1英尺=0.3048米。

T恤和宽边帽。

史密斯夫妇最近消停了不少。他们的健康状况还好,但财务出现了问题。他们过去几年也想存点钱,但总有更重要的事情扰乱了计划。他们的橱柜或衣柜里没有"乒乓球",只有地下室空空的回响。史密斯夫妇从来都不喜欢谈论"乒乓球"和投资,他们觉得这些话题无聊、枯燥又肤浅。

不幸的是,他们一直指望的退休金只是工资收入的一半。更糟的是,为了偿还信用卡的高息借款,他们不得不把房子抵押了出去。他们缩水的养老金收入又不足以支付抵押贷款,因此他们准备变卖房子并搬去女儿的地下室。史密斯夫妇没有"乒乓球",从而落得走投无路的境地。

活在今朝但未雨绸缪

就像史密斯夫妇总说的那样,人生最重要的就是今朝有酒今朝醉。其实,为将来做打算同样重要。我们终有一天都会老去,有可能像史密斯夫妇一样,也想去环游世界;也可能想支持子女或孙辈完成学业，支持他们购买第一套房子，甚至可以花更多的时间和金钱支持我们关心的事业。

当让金钱增值的时候，永远记住我们要放眼未来。寻求智者的建议固然重要，但最终决定权还是在自己的手里。知识就是力量，而把这个任务交给投资经理就是投资于经理的学识，而不是我们自己的。

如果你被这个想法吓坏了，也不必忧虑。在第三部分中，你会看到六个强大的经验证有效策略，非常适合小白投资者。据我所知，秉承长期投资原则的小白表现得都会比专业投资者好。

简要概括

- 按照每年 7% 的收益率，我们的钱每 10 年会翻倍一次。
- 当涉及用钱生钱时，时间是我们的朋友。
- 我们不能只靠政府养老金过上舒服的退休生活。享受现在的同时，要为将来做打算。

7

经验证有效原则 #4：保护

我平生最痛恨的事情就是被利用。如果发生那样的事情，和所有人一样，我必须要选择如何应对。我可以深陷过往经历的情绪里，去责怪虚伪的始作俑者。我还可以审视我在这个事件中的角色，思考自己究竟做了什么以至于让他人有机可乘。通过对这些过往经历的反思，并从这些行为的表层深入分析，我要求自己不得不去面对性格中不敢直视的部分。因此，我十分难过。然而，为了成为一名更优秀的投资人，这个自我认知的过程是必需的，而且十分重要。

当巴比伦最富有的人阿尔卡德谈起他与砖匠朋友的第一次投资时，他被承诺的巨大利润诱惑，把一整年辛苦攒下来的钱投资于一个钻石买入计划。果不其然，他的砖匠朋友只带回了一袋子不值钱的玻璃。这个故事告诉我们：不要相信门外汉。不幸的是，我在2005年投资一个公寓开发项目时就犯了这个错误。

当时是一位帮职业运动员出身的退休开发商赚钱的商务合伙人把这个投资机会介绍给我的。我与这位开发商的第一次见面是在与他的一位知名友人共进午餐时，这位友人是他最大的合伙人。这让我马上意识到大多数投资人都是职业运动员。

几年后，当这个项目进入破产清算时，我才发现这位表面看起来和善又有魅力的房地产开发商实际上是一个从公司偷钱的诈骗犯。他一边与朋友和前队友乘坐私人飞机到处出行，一边大规模地欺骗投资者。银行接管后的一次审计曝光了这些胆大妄为的欺诈行为，这些行为令人十分震惊。

检讨过去，我投资这个项目的决定并没有经过理性的思考。我对这家公司真实的财务状况和业务发展情况一无所知。盲目信任一个没有任何管理经验的退役运动员，而他拥有这家个人开发公司的所有决策和财务控制权。

待所有迷雾和失败决策导致的痛苦散尽，我开始总结这次惨败的教训并问自己为什么会被卷入其中并被人利用。答案很简单：虚荣。与一群著名运动员合伙带来的优越感是很难令人拒绝的。我被成为这个"特殊"群体中的一员的渴望蒙蔽，并为之付出了代价。那次投资的全部所得只有一顶棒球帽和一个受伤的自我。我是如此的愚蠢和羞愧。

永远不要亏钱

当我终于摆脱了经济困境，并有钱投资于不

动产组合以外的项目时，我犯了很多新企业主都会出现的错误——高估自己的投资能力。经营一家成功企业需要理财能力等一系列技能。成功的企业家需要高度的自信，相信自己可以在那些不可思议的以及别人容易失败的地方取得成功。这种乐观与自我膨胀却成了我事业上的拦路虎。

传奇投资人巴菲特有两个主要原则："1. 不要亏钱。2. 牢记第一点。"这听起来也许老生常谈，但我们一定要牢记这个幽默的智慧。作为全球最伟大的投资人，巴菲特的成功就是建立在这些原则之上的。把积蓄塞进床垫里放 10 年也比你投资失败并赔钱好得多。至少当你回到床垫上时，这些积蓄还在。

成功的投资是一场马拉松，不是短跑冲刺

我有一位名叫哈里的年长邻居在他 90 岁时去世了。他是一个呼朋唤友、生活多姿多彩的人，随时随地都可以讲一段关于他过去的有趣故事。有一次莉莎看到他开门时，他胸前的口袋里露出了一厚沓100美元面额的钞票。为他的安全考虑，莉莎提醒他要小心一些。他总是笑着对这种提醒置之不理，并细数他在赌场里的优秀表现——他总是赢钱。我最近在一次邻居聚会上看到哈里的女儿时，说起他父亲的好运气。我说完后，她却并没有笑。她解释说，父亲的嗜赌成了他晚年的一个严重问题。

大多数投资者对他们的投资方式过度傲慢和自信。他们炒股就像哈里玩老虎机，一边庆祝赚钱，一边假装亏损从未发生。成功的投资是一场马拉松，而不是短跑冲刺；它是一种生活方式，而不是一次性事件。如果我们今天做了正确的事情，好的结果就必然会在未来发生。

作为一个投资新人，你必须保持警觉，适应不断变化的世界。在这个过程中，会出现很多新鲜而刺激的投资方式。在面对这种情况时，请牢记：为了追求高收益而冒着亏损本金的风险是大部分投资者都会犯的最大错误之一。风险和收益如影随形，想获取收益，就必须承担风险。学识和经验可以降低风险，但要依靠你自己的学识和经验，而不是其他人的。

我回顾过去几年做过的那些失败的投资决策，很容易发现哪里做错了。作为一名销售人员和企业主，我总是过于乐观。不愿放弃机会并相信奇迹定然发生。因此，每当有人给我介绍新的投资机会时，我很容易激动。我的大脑边缘系统开始兴奋，感性占据上风。我的企业家朋友都会相信，这是我们的本性。然而，在这个过程中，我可能会在兴奋中购买一些分文不值的玻璃，或者从运动员那里分得一些公寓项目的股份，而不是钻石。

庆幸的是，我已经知道自己有时会很冲动，所以不能在那个冲动的时间点做出财务决策。因此，不论那些东西听起来多么令人兴奋，我都会用开放的心态礼貌地倾听，但永远不会立即做出任何决定。我会回家睡一觉，并好好琢磨一番。

第二天早上，我把这个事情说给一个好朋友听，他是一个急脾气的会计，完全是我头脑中理性和逻辑的化身。他大致审查这个方案后，通常会一边摇头一边琢磨那个推销员是怎么想的，然后迅速否决这个方案。我的会计朋友不是一个讨人喜欢的人。他也讨好不起。

如果听起来好得不像真的……

当你的连襟在感恩节晚餐时不厌其烦地介绍一种没有风险的高收益投资机会，千万不要被骗了。这也许就是一个庞氏骗局。

庞氏骗局就像抢座位的游戏。它用新投资人的钱去支付老投资人的收益，然而没有投资标的。诈骗犯通过推广复杂的、难以拒绝的高收益投资计划来筹集资金。

针对大大小小投资者的庞氏骗局时常出现。它们总是伴随着大量炒作，鼓励新投资人与亲友分享他们的"特殊"机会。每个人都异常开心且兴奋，直到音乐停止，不再有新投资人参与这个游戏。

近些年最引人注目的是由前华尔街金融家伯纳德·麦道夫（Bernard Madoff）发起的庞氏骗局。在过去的20年间，他从毫无戒心的老练投资者和基金经理那里成功诈骗了数百亿美元。他就是利用自己这个成功的华尔街证券交易商的身份与世界上最大证券交易所之一纳斯达克前主席的身份做背书。在他71岁的时候,他因犯下这些罪行被判处150年有期徒刑,并将在狱中度过余生。

麦道夫骗局与众不同的是,它的受害者大多是纽约上流社会和慈善基金会的高净值人士。许多对冲基金和理财经理过于追求高收益,以致他们将客户数十亿美元的资金通过直线基金注入麦道夫骗局。曾就职于波士顿城堡投资管理公司的哈里·马科普洛斯(Harry Markopolos),是一位金融分析师和投资经理,他在2001年曾被雇主要求设计一个可以复制麦道夫收益的投资产品。通过4小时的尝试并宣告失败后,他得出麦道夫投资收益在数学上是无法实现的结论,说这肯定是一个庞氏骗局。

马科普洛斯被自己的发现感到震惊,他连续3次写信给美国证券交易委员会,详细阐述了他的担忧。很明显，美国证券交易委员会只草草地做了些许调查，却没有采取任何实质性的行动。那时，麦道夫管理的资金规模介于30亿至60亿美元之间，是当时全球最大的对冲基金。

直到7年后的2008年，次贷危机导致股市急剧下滑，这场骗局才最终败露。就像巴菲特经常说的那句话："直到浪潮退去，才知道谁在裸泳。"

整个故事中最悲哀的部分之一是管理着这些支线基金的那些高薪基金经理。麦道夫提供的基金规模与持续性收益简直是毫无根据的。哈里·马科普洛斯仅用了4个小时就发现的事情竟然在华尔街这些精明人的眼皮子底下过了好几年都没被拆穿。他们被贪婪蒙蔽了双眼，这些人要么沉溣一气，要么胆大妄为，这些行为都属于玩忽职守。

归根结底，正是麦道夫作为一个合法证券交易商、社交名流和纽约市犹太社区杰出会员带来的体面外表，使他诈骗成功。利用宗教信仰、文化或种族的关系杀熟，这是各路骗子常用的伎俩，他们加入教会和其他精神组织并拉拢成员。

永远记住：如果某件事情听起来好得不像真的，那它就一定不是真的。当一些人接近你并推荐一个"一辈子仅有一次"的低风险高收益的投资机会时，他们不是在骗你就是他们被别人骗了。无论怎样，都不要浪费时间与他们争论，这些健谈并善于交际的推销员会对你的所有问题对答如流。

三思而后行，只投资于你了解并且能掌控的领域。

简要概括

- 你会犯错误。任何人都会。
- 为你犯下的错误负责，并从中吸取经验。
- 风险与收益成正比。
- 永远不要立即做出承诺，留到第二天再说。
- 大多数骗子看起来都很友好并且聪明。如果某件事听起来不像真的，那它一定不是真的。

8

经验证有效原则 #5：自有

每年一次，我和家人前往墨西哥的蒂华纳，和其他 15 位志愿捐赠者一起在尘土飞扬的大山里为一户贫困家庭建造房屋。我们帮助建房子的那户家庭是由青年希望之家组织选定的，这是一个教会志愿者组织，多年来曾为需要帮助的人建造了数千所房屋。

每年我们都会建造一所相同的房子。当我们

在周六早上到达工地时，一个400平方英尺①的混凝土板已经浇筑完毕了。土板旁边就是这户人家现在住的房子：一堆废旧木头和金属，地上铺了几片破旧防水布用来做隔挡。房子所在的那800平方英尺的土地是他们家以4000美元的价格从当地开发商手中买下的。银行不借钱给穷人，因此通常是卖家为这笔买卖支付400美元的首付，因为这笔首付对买家来说是很大一笔钱。

经过两天高强度的劳作，我们都晒伤了，而且身上到处都是伤口，又累又痛。在希望之家志愿者团队的带领下，我们建造并装饰好了一所新的房屋：有推拉窗，有可以锁住的前门，还有防水的沥青屋顶。每到这时，我们还会带着这家女主人去杂货店购物，把家里的橱柜和冰箱都塞满，并给孩子买一些玩具。

庆祝完工的仪式总是相同的。我们站成一个圆圈，轮流向这家人送去祝福和鼓励的话语。当

---

① 1平方英尺约为0.093平方米，400平方英尺约为37.16平方米。——译者注

女主人最后发言时，泪水从她的脸上滑落，我们也都落泪了，让这个周末发生的事情变得深刻起来：一家人的生活被一所房子彻底而永远地改变了。这就是希望之家。

拥有一所自有房产，是大多数人退休计划中最重要的部分之一。这些年来我见过数不清的退休理财小白，他们说："我们一点也不了解金钱和股市。我们只是在结婚时买了房并还清了贷款，因为父母说我们应该这样做。如果不这样做，我们现在就该破产了。"

自有房产的两个功能，让它成为独一无二的强大投资。第一个是拥有房子的骄傲感。无论你住在墨西哥蒂华纳还是托莱多，拥有一所自有房产，一个只属于自己的地方，这种渴望扎根在很多人的内心深处。拥有自有房产关系到家庭、社会和遗产。它是一种超越金钱的表达方式，事关"我们的归属"。

第二个让自有房产成为一种特殊投资的功能

是杠杆。只需要用一小笔首付，就可以从银行"借钱"买一所属于自己的、会伴随时间增值的大房子。

30年前，我们买了第一所在镇子上的房子，价值12.5万美元，1.25万美元的首付（10%）。出于好奇，我最近上网查了一下，和我们几乎同样户型的房子售价为56万美元。哪怕我们住在那所房子里什么都不干，当时1.25万美元的首付也会变成现在的56万美元（平均年化单利13.5%）。

如果我们把同样1.25万美元投资于3%年化单利的政府债券，30年后我们会拿到价值3万美元的债券，而不是一所价值56万美元的无债产权房。

这就是自有住房的魔法和杠杆。

精挑细选的自有房产是普通人能做出的最好的长期投资之一。这是一种应对通胀的对冲方法和一种强制储蓄形式。住在自有房产中的孩子在学校里表现得也更好一些。减少搬家次数通常可以创造一个较稳定的居住环境，可以为孩子的学业表现带去积极的影响。不动产经济期刊发表的一篇研究报告发现，住在自有房产中的孩子在数学上的表现比其他孩子较优9%，阅读上的表现较优7%。

当我们要退休的时候，住在自有房产中会更加舒适、安心，很少有人会质疑这一点。然而我确实偶尔会遇到一些异议者。这些人几乎都是一些理财经理，用他们的话说，自有房产不可靠。他们相信用首付的钱可以在其他地方获得更高的回报。

一些不靠谱的理财经理用这个论调去说服一些缺乏经验的消费者卖掉或抵押房产，拿这笔钱给他们投资。这些理财经理推荐的投资产品，纸面上看起来倒是收益不错，但我们没有水晶球，谁也无法预知未来究竟会如何。

当然了，是否买房子是个人的选择，而且任何事物都会有例外，让每个人都买房子也不太现实。举个例子，如果我们因为工作或其他情况被迫经常搬家，我们也许不得不在错误的时间卖掉房子。房产价值和其他资产一样，是上下波动的。因此，购房需谨慎。问问自己：如果在接下来 10 年的一段安全持有期内必须住在这里，是否会舒服、自在。

你也可能生活在世界上的几大城市之一，由于利率低行，房价飞涨。这些市场的房价迫使买不起房子的人另谋出路。

• 成年子女和配偶与父母或兄弟姐妹住在一起。

• 有意识的父母很早就分配遗产，赠与或借钱给孩子当首付。

• 一些人干脆搬到另一个可以买得起房子的城市中生活。这种妥协让他们更早地实现拥有自有房产的梦想。

简要概括

- 拥有一所自有房产是大多数人的退休储蓄计划中最重要的部分之一。
- 买房子是普通人唯一可以利用贷款做的投资。
- 杠杆使投资收益翻倍。
- 拥有一所自有房产比让别人管理你的财产安全多了。

9

经验证有效原则 #6：提升

努力工作是令人赞赏的、有回报的，也是非常必要的，尤其是当我们刚开始独立生活的时候。然而，当你想在生活中取得成功，聪明地工作才是最重要的，赚得多永远好于工作多。可以学习一下周围那些做事更高效的人，问问自己：他们做的哪些事情我们也可以做？他们是如何做到的？要做一个终身学习者。如果我们也像他们那样，我们也可以收获同样的成果。

如果我们现在从事着梦想中的工作,不要被身边那些短视、消极的人影响或分心。不管我们靠什么谋生,永远都要多想一步。把我们的工作看作去往下一阶段的必经之路,是通往更大、更好的目标的转折点。

这恰好是我在20岁那年做的事情,我找了一个电话推销员的工作,属于销售链的最底层。特别的是,这家公司几乎会聘用所有走进门的人。我们开玩笑说走过那道门是一名新销售人员要通过的唯一测试。只要是会喘气的活人,就可以被录用。在这个充满各种气味的房间里,有形形色色与我并肩工作的人。一些人把这份工作看作不得不去忍受的痛苦——他们的收入也恰好与他们的工作态度成正比。

作为一个有野心的人,我为这份入门级的工作倾注了所有。正式上班时间是早上9点,然而我总是在早上7点45分到达,一边冲一杯咖啡一边调整状态,然后像时钟那样,准时在8点钟拿起电话。当我那些不情不愿的同事出现在办公室中时，我已经工作一整个小时了。

与我一起工作的大部分人都忽略了早点开始工作的价值，他们总认为那么早是不会有生意的。大部分情况下他们说得对，在那一个小时里，我拨打的很多电话被转入了自动应答服务。然而，我也发现了一些习惯早起并想在一天中收获更多的企业主。没有了那些整天拦截我电话的接线员，老板会亲自接听电话——这给了我一个从未有过的机会。

每天早上的那一个小时给了我巨大的销售优势和契机。我总是业绩最好的销售人员之一。不出所料，我的工作激情和方法惹来了很多流言蜚语，而我权当空气，因为，为我支付房租的又不是他们。

毫不意外，我的努力和自律很快就被经理注意到了，才几个月时间，我就被提拔为销售经理，管理50个电话推销员，可以从他们的销售业绩上赚得丰厚的提成。同事眼中的痛苦工作，在我眼里却是机会。

我第一次见到拉吉尼（Raagini）和他的妻子博图姆（Botum）时，他们曾是东南亚的难民，现在是我们的一处商业地产的租户。大多数租户我都不会面谈，我给物业经理很好的报酬，让他们来处理这些面谈。然而，当我收到拉吉尼夫妇的租赁申请并听说了他们的故事时，我觉得必须亲自见一见他们。

他们想把我们现有一家租户的生意盘下来，因此必须和作为房东的我们洽谈新的租约。之前的这家租户经常拖欠租金，因此我们十分开心有新租户愿意接手。让我对拉吉尼夫妇的租赁申请感到意外的是他们提交的财务明细。他们的储蓄账户里有25万美元，并且拥有一处价值30万美元的房产。

当我最终见到这对谦逊的夫妇并听了他们的故事时，我被深深地触动了。他们在30年前以身无分文的难民身份来到加拿大，定居在一个小镇。博图姆在一家咖啡店找了一份最低工资的工作,一做就是 25 年。拉吉尼在一家本地工厂的流水线上找了一份全职工作,并在一家越南饭店的厨房里做兼职,他这两个工作同时做了 25 年。

拉吉尼和博图姆都不太会英文,也没接受过正规教育。他们的选择极其有限,但他们在力所能及的范围内把能做的做到了最好。拉吉尼通过在餐馆里做兼职提升了赚钱能力。他们量入为出地过日子,为了买房而尽可能地省钱,想经营一个可以养活全家的小生意——他们的梦想成真了。

简要概括

- 保持热情。永远都要多想一步。这会给你带来巨大优势。
- 不要因为身边那些短视、消极的人而泄气。
- 赚的多永远比做的多更实际。
- 做一个终身学习者。

第三部分

财商投资

> 人这一生有两种时候不应投机:输不起的时候,输得起的时候。
>
> ——马克·吐温《赤道漫游记》

10

你是在投机还是在投资？

在20世纪90年代的数字淘金热高峰期，我的朋友本森去华尔街学习股票日内交易的艺术。日间操盘手买卖股票都是在几分钟或几小时内进行的，从来不持仓过夜。通常用保证金（即借来的钱）进行交易，并基于交易量和趋势押注，而不是价值本身。

他在华尔街的那段时间，纳斯达克大涨400%，他因此成了百万富翁。

当2002年互联网泡沫破裂时，股市大跌80%。庆幸的是，本森预见了它的到来，并且足够自制地在这之前退场。他的很多朋友都没能抵住贪婪的诱惑，不断地冒险，从而被迫交出了利润。

如果你问我本森此后靠什么谋生，我可能会说："他现在是一个做科技股日内交易的全职投资人。"当然实际上也差不多。日内交易是投机的一种形式，不是投资。不幸的是，在这两者的定义上并没有达成共识。许多投资者无意识地在这两者间徘徊，一路亏损。

当我开始扩大投资范围时，在好几个地方都亏了钱，包括创业、后配股、有限合伙企业、私募和夹层融资。我当时并没有意识到我是在投机而不是在投资。在大多数交易中，唯一赚钱的就是销售这些投资产品的人。

最终，我受够了因为他们的失信和糟糕的建议导致我一直赔钱。现在我只投资创收房地产、蓝筹股和支付股息的公开交易证券，以及具备长期、强劲、出色价值和业绩记录的资产。我们的投资策略很简单：优秀的人与优质资产。

你们是在投资还是在投机呢？一定要明白两者的区别。

不动产是一项伟大投资的四个原因

让从事房产中介工作的18岁的我印象深刻的意大利家庭、佛朗哥的父亲及数百万其他缺乏经验的投资者，都投资创收房地产的原因有4个：

1. 这是一种大多数人都可以理解、评估和控制的资产。

2. 这是一种应对通胀的绝佳对冲；当生活成本增加时，不动产的价格也会随之增加。

3. 它提供杠杆。抵押房屋贷款的功能可以让我们利用银行的钱去赚钱。

4. 它提供无形但非常真实的自有房产自豪感，这是其他投资产品不具备的。

我用储蓄账户里10%的钱购买的第一个投资性房产是一所破旧的有三个卧室的公寓，位于我们社区里的一个贫民街区。我们被卖家那个用4000美元首付买一套价值7.9万美元房产的广告吸引了。从外墙看，这所小房子看起来像随时会发生意外一样。但我们还是对拥有一套自己的房子感到激动，因此愿意迎接挑战。

迄今为止，我们已经买下那所房子20年了。它的价值在过去这段时间里涨了一倍多。我们成功地把4000美元首付款，变成了18.9万美元，年化单利为21.5%。

离家近一些

当购买投资性房产时，离家近一些是一个好方法。寻找那些我们可以在去上班或者去杂货店的途中路过的房产。佛朗哥的父亲买入的5所公寓全部都在距离他家两个街区内的地方，因此他和孩子可以随时维护房子和处理租户问题。佛朗哥和他的兄弟不需要小汽车或卡车，他们只需要推着除草机或带着铲子、耙子在这几所房子间走动。

许多投资者，包括我自己，经常被远离社区的、被允诺高收益的投资性房产吸引，却总是失望。有一个特别恰当的例子：我们在买了弗拉茨的小房子的5年后，又买了一处投资性房产。我和莉莎本以为我们在这个距离我们4小时车程的小社区里捡到了便宜。那是一个旧的复式住宅，地下室有一间额外私建的卧室。合同上每个月300美元的现金收入看起来很棒，但事与愿违。

买下这栋房子以后，状况接踵而来。起初，我们收到了城市规划局的信，指出我们地下室的卧室是非法所建，并且要求我们停止出租。此外，因为我没有住在当地，只能委托一家不怎么专业的房产经纪公司。它为我们位于主楼层的套房找了一个租户，可这个人第二个月起就不再支付房租了。数次通知和威胁无果后，我们不得不启动收回房子的法律流程。购房的两年后,我们最终以低于购买价2万美元的价格把这栋房子卖掉了。

如果我住在这个社区里并且不着急买房子,我就能发现政府不会对私建的地下室套房坐视不管。我自己也可以当面挑选租户,大概率可以避免遭遇"来自地狱的租户"。当然,我自己选的租户也无法保证百分之百可靠,但至少发生问题的时候,我可以亲自处理,而不是被迫依靠一个不积极而且能力不足的房产顾问。

是合规的还是地下室私建卧室?

作为新投资人,我们购买的房产大小和类型取决于我们的最大贷款额度和首付金额。许多新投资人可以轻松地拥有投资性房产的一种方式是购买具有收租潜力的房子。有卧室的地下室或者独立车库上方的卧室带来的租金收入可以让我们购买大于承受能力的房产。

将房子的其中一间卧室出租是一个非常好的

牺牲短期利益换取长期收益的例子。当然，这样做有好处也有坏处。好处是，因为我们自己住在这里，管理房子和应对租户会容易很多，但同时住在一起也有坏处。在我们卖掉第一栋房子以后，新买了一栋老旧一些的独栋房屋，把地下室的卧室租给了一位年轻医生和他的太太。这对夫妇总是按时缴纳房租，他们的房子正在建造中，因此需要在一个临时住所居住一年左右。然而，我们很快发现这位医生的太太脾气不太好。每隔几周，我们都能听到她冲着可怜的医生大吼大叫。我猜她可能是因为建新房子而承受很大的压力。在他们搬出去以后，我们决定不再出租了，我们不需要这笔收入也不想再遇到这种烦心事，所以这个地下卧室成了我的家庭办公室。

选择租户

只有靠谱的租户才能保证稳定的现金流收入，这就是为什么聪明的房东会认真筛选他们的租户,一定会查看租户的信用记录和房东推荐信。你可以在网上付费拿到潜在租户的信用报告,这是房东能拿到的最客观的数据。如果这个租户有拖延交租或者不交租的历史,那么他肯定也会毫不犹豫地对你这样做。小心不要被他们的油腔滑调迷惑,有些人很善于让毫无戒备的房东为没能"帮助"他们而感到内疚。我们要看穿这些不诚信的企图操控我们的行为,明确我们的原则,并温柔而坚定地遵守。另外也不要完全信任推荐信,因为无法保证完全客观。之前的房东也许是想赶走低信用的租户或者他们与租户有什么私人关系,这些都会影响他们写推荐信的意图。

好房子吸引优质租户。如果我们想要吸引信用记录良好的租户,我们就必须提供优质且性价比高的房子。这并不是说我们出租的房子需要个人化定制,但它至少要保养得当、整洁并且各项功能运行正常。

抵押贷款

投资房产，不论我们是自住还是出租，或是使用杠杆，都需要贷款。当出借方评估最多贷款给我们多少钱时，他们会考虑家庭收入、首付金额以及信用评级。

在购入房产前，评估我们可以承担的贷款规模是十分明智的。银行或者代表众多出借方的贷款中介会免费带我们完成资格预审的流程。提前知晓这些信息将会有助于我们更有信心地去谈判。

考虑投资性房产这种主动而非被动的投资时，一定要问我们自己几个问题：

• 对现阶段的我们来说，综合考虑收入、职业、个性与生活方式，投资房产是一个明智的选择吗？

• 如果是明智的选择，那么我们该从哪种类型的房产开始投资？自住、出租其中一间卧室还是单纯作为投资性房产？

・我们能贷到并且能承受多大的贷款金额？

・我们需要多少首付——包括法律咨询费、税费和其他杂项？

简要概括

- 投资性房产是应对通胀的绝佳对冲。
- 不要被离自己社区较远的那些投资性房产吸引，要买我们方便打理的房产。
- 优质房产吸引优质租户。
- 仔细选择租户，低信用租户总是很多并且难以摆脱。
- 开展贷款资格预审可以帮助我们更有信心地去谈判。

11
让市场成为朋友

我一直都很喜欢投资不动产，因为它看得见摸得着。在不动产的日常管理中，我们可以用到创业技能、天分和些许街头智慧，不用担心某天醒来发现房子像公司一样突然不见了。

购买并管理投资性房产是一种积极而非消极的投资。与房产经纪人、租户打交道和维护房产一样，都需要投入时间与情感，这里还要考虑诸多因素——职业、生活方式、个性，因此这种投资并不适合每个人。如果房产投资不适合你，那么显然另一个可以让你的钱在长期内安全增值的地方就是股市。

如果你在炒股方面没有任何经验也没有接受过培训，那么炒股一开始可能会让你感到害怕。这个金融服务领域有自己的术语——卖出（shorts）、买入（longs）、熊市（bears）和牛市（bulls）、期货（futures）和大宗商品（commodities）等，太多了。除此之外，还有不间断的财经新闻，新闻里的人们没完没了地唠叨，争论每一个政治和经济事件可能会带来的影响。这足够令人头晕目眩了，这也是为什么大多数投资新手缴械投降而把他们的资金交给专业理财顾问去做。

我相信大多数理财顾问人品都不错而且讲究诚信，相信他们可以为客户谋得最好的权益。不幸的是，金融产业的这种商业模式有底层漏洞。专业投资人也是销售人员，他们从代理机构那里赚取销售佣金和费用提成。我们的投资金额越高，交易越频繁，我们的顾问就会赚得越多，无论是否获得了收益。因此，不论这些理财顾问本人有多好，这种商业模式很难让他们做到完全客观。因此在我投资生涯的前15年，我根本没考虑过股市。然而，当我卖了一家公司并赚了更多的钱，又不能全部投资于不动产，出于投资多样性的需求，我调整了投资策略。

与理财经理有过几次不开心的经历后，我不得不接受新领域并学习如何自己做股票投资。好在我有自知之明，知道自己的局限性。我需要一种精明的投资方式，收益适中且风险较低，可以让我确信自己没有被利用，让我晚上睡得着觉。

大盘股、蓝筹股和派息股

我没有那么多精力也没有必备的专业知识去花好几个小时研究上市公司的季度报表，并预测这些公司的未来发展。这也是为什么我在股市里的几次尝试大多聚焦于大盘股、蓝筹股和信任的派息股。不熟悉这些金融术语的人需要了解：

• 大盘股公司拥有至少 100 亿美元市值。市值的计算方法是将公司公开交易的股票数量乘以这些股票的价格（如果 A 公司发行股票 100 万股，每股交易价为 1 美元，那么 A 公司市值就是 100 万美元）。在写这本书的时候，苹果公司是全球市值最高的公司，价值 1.52 万亿美元。

• 蓝筹股公司指的是长期经营、声誉良好，并且经常派息的大型公司。这些公司的规模、实力和地位都让它们的股票具有很强的流动性，这意味着我们买卖起来非常容易。此外，因为它们的标的很大，并且被许多大型基金和金融机构持股，金融分析师会像鹰一样密切关注着它们。这些公司的每一个商业决策和重要的经济事件都会最终体现在股价上。

• 派息股是把一部分公司利润分配给股票持有者，通常是一个季度一次。派息股的优点是"令人有所期待"。我们的股票会在短期内上下波动，如果股票选得好，它们会长期上行并且我们可以一直收取股息。

我最开始进入股市的时间是2007年到2009年的大衰退时期，被一个叫作抵押担保证券的金融产品吸引，那个时候人们对它还不甚了解。华尔街投行和激进的抵押贷款公司创造的这种投资产品，由个人房屋抵押贷款构成。这些产品被卖给那些高净值客户、银行和全球的养老基金，在华尔街强大的信用加持下，买家相信这是优质债券，而且有独立信用评级机构给予的AAA评级支持。

当监管和评级机构发现这些抵押贷款的质量并不如所说的那样可靠时，为时已晚，因此发生了史上最大规模的抵押贷款违约。房地产估值被欺骗性地放大，借款者的信用记录和工作收入也都是伪造的，拿着最低工资的普通员工竟然可以零首付购买一栋价值50万美元的房子。他们无力还款导致房产泡沫破裂，从而引发了全球历史上最大的金融危机。

当迷雾散尽，美国这场金融灾难带来的后果是毁灭性的。房地产价格暴跌，房产投资人的资产被瞬间抹去了数万亿美元，个人与公司破产的现象大幅增加。如果说次贷危机好的一面，那就是发现了美国金融体系的低效性，而这种低效实在让人无法视而不见。迈克尔·刘易斯（Michael Lewis）的《大空头》一书和由影星布拉德·皮特（Brad Pitt）、克里斯蒂安·贝尔（Christian Bale）及史蒂夫·卡雷尔（Steve Carell）出演的同名电影，非常出色地用娱乐化的方式阐述了这场金融灾难究竟是如何、为何以及因何而发生的。

银行在这场金融危机中陷入绝境，通用汽车和克莱斯勒都破产了，标准普尔500指数下跌了57%，然而此时我决定把更多的精力放在股市里。大家都说我们应该在别人卖出的时候买入，在别人买入的时候卖出，如果是真的，这个入场时机看起来非常完美。

像所有加拿大人一样，我从小到大都在加拿

大的六大银行的其中一家存钱。和诸多监管不力的美国影子银行不同，加拿大金融体系高度集中，并且同时被两个极端保守的机构严格监管，这两个机构分别是加拿大金融机构监督办公室（OSFI）和加拿大金融消费者管理局（FCAC）。因此，在21世纪这场最大的金融危机来临之际，当全球的诸多银行都面临破产或处在倒闭边缘之时，反而突出了加拿大的银行在管理和谨慎度上如金本位一样的存在。

尽管加拿大的银行看起来安全，但在危机期间，所有的银行股票也都下跌了。当时我对市场还不太了解，也不知道如何分析银行的财务报表，但作为一个加拿大人，我知道加拿大是一个寡头垄断体系——由6家银行共有的银行垄断体系，我也知道如果这些垄断巨头都是我的该有多棒。因此，在2009年3月，我以32美元的价格买入加拿大皇家银行的股票，比之前最高股价55美元的时候低了40%。那时的股息是每年每股2美元，折合年化收益为6.25%。

自那以后，股市又恢复了往日生机。在我写这本书的时候，加拿大皇家银行的股票交易价格已经是108美元，相较于我2009年的买入价格涨了340%。与此同时，股息从2美元/股上涨到4.2美元/股。这意味着我花32美元买的这只全球最保守银行的股票，可以给我带来年化13%的收益。

人们说当你投资股市时，最好持有那些你认识、了解并信任的公司股票。我同时投资了加拿大的另外5家银行：蒙特利尔银行、道明银行、丰业银行、帝国商业银行和国民银行。我的推理和我自己一样简单：在加拿大这个国家，这6家垄断银行无论行情好坏都一直表现良好。购买这些银行的股票就像押注加拿大政权，我对其十分了解和信任。

有意思的是，在我投资股市的一周前，一位被震惊到的理财经理极力地劝阻我。在危机最严重的时候，金融系统自由落体般地瓦解，这个人每天一边看CNN上全球金融体系崩溃的报道，一边安抚客户。因此，当我走进他的办公室说想要买入银行股票时，他以为遇到了疯子。

幸好，我坚定信念并在一周后买入了这些银行股票。

简要概括

- 自己做投资决策。
- 大盘股、蓝筹股和派息股带来最安全的长期回报。
- 投资那些我们认识、了解并信任的公司。
- 对我们自己的决策抱有勇气。

12
小白投资者的长期策略

我持有伯克希尔-哈撒韦的股票超过15年了。作为一名股市投资小白,我购买伯克希尔-哈撒韦的股票的初衷非常简单。我认为巴菲特是有史以来最伟大的投资人之一,因此我必须购买这只拥有710亿美元资产净值的公司股票。虽然大多数理财经理都同意我对巴菲特的看法,但他们仍会指出每次只投资一只股票只停留在选股的层面,而不能作为长期策略。他们也许是对的。

在投资了加拿大银行、伯克希尔－哈撒韦、苹果公司和其他几个家喻户晓的大公司之后，我束手无策了。实际上，研究得越深入，就越困惑，于是我意识到了自己能力上的局限性。金融领域的知识涉及广泛，金融产品也种类丰富，我无法准确预测接下来该做什么。我需要一种策略，一种精明的投资方法，可以让我消除单一股票、单一领域和理财经理决策带来的投资风险，一种可以让我的财富在长期内安全增值并令人放心的方法。

我在伯克希尔－哈撒韦2013年年报的第20页上找到了完美的策略。在写给股东的信里，巴菲特认为很少有投资者和理财经理拥有预测一家公司的未来盈利能力所需的必要技能，因此小白投资者的目标不应该是挑选优秀个股而是选择美国多个不同行业的最好公司的股票，这些公司长期来看大概率会发展得很好。他说最好的方法是买入标普500指数基金并且长期持有。

当考虑这种类型的投资时，一定要理解标普500指数与指数基金。标普500指数是由独立评估机构标准普尔道琼斯指数发布的报告。它追踪500个在纽交所和纳斯达克上市的最强公司的表现,是世界上所有理财经理的评估标准。指数基金则不同,它反映的是标普500指数公开交易的共同基金或交易型开放式指数基金(ETF)的情况。这种类型的基金对小白投资者的长期主要优势是,消除单一股票、单一行业和理财经理决策的相关风险。与其大海捞针,不如买下整片大海,这样就只剩市场整体风险了。自从1926年问世,这种指数的平均年化收益是9.28%。

然而,当我们做投资时,要时刻谨记巴菲特投资策略里的"长期"概念。这是大多数投资人犯错的地方。

戏剧性的、不可预测的经济事件,以及20世纪90年代的网络泡沫或2008年的次贷危机,将会不定期发生。当这些发生时,我们必须对自己的信念抱有勇气并且对身边的恐惧和贪婪不为所动,别只想着卖掉。因此,如果我们正在为住所或投资性房产攒首付款,就投资那些有担保的政府债券或定期存款，而不要投资股市。

巴菲特对标普十分信任，因此他委托受托人将90%的资金投资于标普500指数基金，其余10%购买政府债券。因此我也照做。

不要认为复杂的就更好

小白投资者应该对最近几年流行的一种投资提高警惕，那就是对冲基金。这种投资工具最初是为机构投资者和高净值客户设立的。最近几年，这种基金大量出现并且开始向个人投资者销售。

对冲基金的投资策略与指数基金截然不同，对冲基金是典型的活跃交易，利用没多少人了解的复杂策略获得比大盘（换句话说，比标普500）更高的收益。对冲基金种类繁多并且可以投资于任何标的，包括不动产、股市、大宗商品、期权、衍生品和债务。我在第7章里提到的麦道夫庞氏骗局，就是以一种合规的对冲基金形式出现，采用复杂的"可转换价差套利"策略去获得没有人可以复制的高收益。痴迷于这种基金的投资人经常认为复杂的就是更好的,市场利用这种偏好针对这种产品收取更高的费用,收费标准是"2"和"20"。"2"的意思是不论盈亏,每年收取2%的管理费,"20"的意思是,收取盈利提成的20%(基金经理收取所有盈利的20%)。

相比之下,标普500指数基金这种基于规则的投资组合不需要投资人拥有判断力,也不需要进行交易管理,从而大大降低了付给理财经理的管理费和佣金,让投资人的收益增加了。巴菲特在2013年致股东信里推荐的先锋基金(Vanguard),管理费用只有0.03%。

巴菲特曾多次公开发言批评华尔街收取过高手续费等不良惯例,但收效甚微。到了2008年,忍无可忍的巴菲特决定下注1亿美元用来挑战对冲基金行业,希望得到大家对以上问题的关注。令人吃惊的是,竟然没有人回应,没有人有勇气接受挑战。最终,特德·西德斯(Ted Seides)接收了挑战,竞赛的评判标准是:标普500指数基金与5只对冲基金组合从2008年至

2018年的表现，看看哪个收益更高。这5只对冲基金都是基金中的基金，换句话说，每一只基金都包含了市场上200多种表现优秀的基金。

长话短说，最终巴菲特赢了，奖金捐给了他选的一家位于内布拉斯加州奥马哈的慈善机构——Girls Inc.。

在那10年间，标普500增值125.8%。与此同期，对冲基金只获得了36.3%的收益。这个赌约也反映了3个有意思的事实：

· 标普500产生的收益是顶级对冲基金的3.47倍。

· 对冲基金产生的60%收益都用来扣费了。

· 对冲基金的表现不如标普500，哪怕是毛利率（基金经理收取60%费用之前的收益率）也不如标普500，因此指数基金仍是更优秀的投资选择。

对大多数投资者来说，金融服务业就像是一个大赌场，庄家稳赢。通过在线经纪商亿创理财（E*TRADE）、加泰证券（Questrade）或德美利证券（TD Ameritrade）投资标普500指数基金，我们可以让庄家出局并把手续费留在自己的口袋里。

如果对在线投资不感兴趣,我们还可以在任何一家券商设立一个非全权委托账户。非全权委托账户可以让所有决定权都掌握在自己的手里。

如何投资标普 500 指数基金

全球很多主要金融机构和在线券商都可以销售多种货币的标普 500 指数基金。如果你和我一样不在美国居住,又想用本币投资,那么指数基金是最低成本的对冲策略,这可以消除你的本币相对于美元贬值的风险。

作为非美国居民,投资标普 500 基金也许更节税——可以免缴美国对股息征收的代扣所得税。

现在有很多标普 500 指数基金可以选择。下面列出 3 个有良好记录的美元计价基金供参考。

- 先锋 500 指数基金(VFINX)
- SPDR 标普 500(SPY)
- iShares Core 标普 500(IVV)

如果你要在加拿大投资：

- 先锋500指数——加币对冲（VSP.TO）
- iShares Core 标普500——加币对冲（XSP.TO）

想要了解更多关于标普500指数基金的内容，可以看看先锋集团创始人约翰·博格尔（John Bogle）的著作《常识投资》（*The Little Book of Common Sense Investing*）。巴菲特曾说："如果要为对美国投资者做出最大贡献的人竖立一座雕像，约翰·博格尔是当之无愧的人选。"这是来自世界上最伟大投资人之一的超高评价。

投资问卷

在投资之前，你一定要花些时间问自己以下关键问题：

- 应该投资大盘股、派息股、蓝筹股等个股还是购买标普500指数基金？
- 如果投资个股，我青睐或最了解哪几家公司或行业？我是否需要多做一些调研——阅读研究报告？我是否已经具备必要的时间与精力并准备好去投资，去监测个别公司的表现和未来前景？

· 如果我投资标普500指数基金，哪一种基金在管理费用上最具成本效益？我是否足够了解标普500，或者我是否应该通过阅读《常识投资》来多学习这个课题？

简要概括

- 标普500指数基金可以消除个股、个别行业和理财经理带来的风险。与其大海捞针，不如买下整片海洋。

- 从长远来看，标普500指数基金表现优于大多数频繁交易的投资组合。

- 不要被迫抛售，尤其是当我们正在为自住房或出租型房产攒首付时。

- 金融服务业就像是一个大赌场，庄家稳赢。标普500指数基金让庄家出局并把手续费留在投资者的口袋里。

第四部分

精明的企业家

> 在生活的诸多方面,我们需要长期乐观主义而不是短期现实主义。
>
> ——切斯利·萨伦伯格(Chesley B. Sullenberger)
> 《萨利机长》(*Highest Duty*)原型

13

飞行员与企业家

2009年1月15日，美国航空公司机长"萨利"萨伦伯格的噩梦变成了现实。从纽约拉瓜迪亚机场起飞后不久，他驾驶的空客A320迎面撞上了一群加拿大雁，导致两个发动机全部失灵，失去了飞行动力。他面临的任务就是要将这架飞机降落在哈德孙河上。六点钟的新闻画面显示，巨大的飞机在水中滑行，机翼上蜷缩着浑身湿透的受惊乘客，我永远忘不了这个画面。

那个时候我还不知道，我们目睹的正是后来被称为"哈德孙河奇迹"的航空史上的重大事件。之所以被称为"奇迹"，是因为机长将一架空客 A320 降落在人口密度极高的北美城中河流中，而无人员死亡。我发现，与乘客那天的大团圆结局一样引人注目的是在他们获救后萨伦伯格机长在陆地上的特写。他穿着机长制服、白色衬衣和领带，看起来镇定自若，一如往常他上班时的样子。

在 2009 年，当时的我并不能完全理解萨伦伯格那天如何能够如此英勇地完成他的使命，直到我看到莉莎为了实现成为单引擎飞行员这个梦想而做出的努力。在这个过程中，我突然发现飞行员与企业家比我想象中有更多的相似之处，他们的任务都是用久经考验的冷静去掌控风险。

在莉莎出发去机场前，我看到她坐在我们厨房的餐桌旁研读表格与地图。通过 iPad 上的 ForeFlight 航空软件，她计划出一条穿越海洋和山岳的路线。她打电话给飞行信息中心（FIC），并与一位气象学家沟通当下的天气和空中交通情况。如果云量、气流或降雨预期不乐观，就选择另外一条路线。当她认为搜集的信息足够保证这次飞行的安全后，马上驱车赶往飞行俱乐部的停机坪。她开出一架塞斯纳180并开始航前检查。我一直安静地站着，看着她从头到尾地进行目视、气密和液位检查，此后我们登机。在发动飞机之后，还有一长串我无法读懂的仪表盘读数需要她确认是否准确。直到她觉得一切就绪，我们才滑行到跑道准备起飞。

当莉莎驾驶飞机最终飞上天空，她知道有一些风险是不能大意的，比如撞上飞鸟或遭遇机械故障。然而，她接受的训练让她具备应对最坏情况的能力。她尽可能地通过控制海拔高度和飞行路径来降低风险，无论在任何情况下她都可以安全降落。

萨伦伯格机长有42年驾龄和2万小时的飞行经验，运送超过100万名乘客。他是持证的单引擎、多引擎和滑翔机飞行员教练。当问及他如何可以完成这项几乎不可能完成的壮举时，他说："42年来，我一直在我的'银行'里积累和总结我的学识、经验，并进行大量训练。在（2009年）1月15日这一天，我的'银行'足够让我可以一次性提取大量'余额'来应对这种突发状况。"

创立、拥有并运营我们自己的公司是迄今为止最伟大的财富创造方式之一。成功的企业家可以用少量的资本、时间和天赋变成终身收入来源并取得巨额资本利得。企业家的自由、独立和自主意识，决定了他们是不会为别人打工的。

然而，需要承担风险与责任的创业生活，并不适合所有人。创业占据了企业家的全部精力，而且工作的急迫令人身不由己。企业家经常对他们的事业倾注了所有心血，直到某天早上醒来时却意识到自己拥有的公司反过来掌控了自己。

当然，加倍努力是十分必要的，但这远远不够，因为这个世界上有很多努力工作却仍然破产的人。成功的企业家懂得，必须要聪明地工作，而不仅仅是努力地工作。越做越大的生意需要企业家付出的总是会比带来的更多，企业家需要把家人的情绪、身体和精神健康放在首位。离婚是个人财富的最大破坏者，如果婚姻不幸福，亲人和公司都不会好过。

精明的企业家明白这个道理而且知道如何管控风险、设立边界并生活在相互矛盾的紧张关系中。他们对事业专一、坚定，并富有激情，但不想在创业过程中失去他们的多重身份并影响个人财务生活。他们明白要将企业作为独立的法律个体和生命实体去看待，因此适用于企业经营的精明原则同样适用于企业家本人。企业必须保护和掌管自己的财产，并努力使其增值。如果商业模式允许，企业也可以拥有自己的不动产。企业家必须始终如一、坚定决心并有自知之明——可以为了长期的目标做出短期的牺牲。

简要概括

- 创立、拥有并运营自己的公司是迄今为止最伟大的财富创造方式之一。

- 像企业家一样成功,指的是用久经考验的冷静来预防风险。

- 生意是独立的法律个体。不要将工作和生活混为一谈。

- 我们既要努力工作又要懂得变通,把家人的身体、情绪和精神健康放在首位。

14
我们根本一无所知

几年前,我的密友弗雷德曾向我咨询过商业建议。他在一家大型旅行社特许经营公司的总部工作了十几年,这家公司在北美有数百家分店。他担任的资深管理职位有着六位数的年薪,还有奖金和福利。那时他们公司刚刚与一家大型上市公司合并,公司文化有所改变,而且晋升机会不像过去那样多了。

在加入这家公司之前,弗雷德是一家成功的

小型家族企业的合伙人，考虑再次创业但还没有下定决心，正在不断地搜集朋友的客观建议。当我问他想投资什么商业领域时，他说想收购之前工作过的那家公司的一个连锁店。他在考察其中一家利润最高、位置最好的店面。他和这个老板很熟并且之前已经了解到售价约为57.5万美元。利润高而且运营良好，这是优点也是缺点。

优点是，每年拥有稳定590万美元左右的营业收入，净利润20万美元。客户基础好，员工忠诚度高。缺点是运营成本太高，上行发展潜力不确定和大额的收购定金。一家顶级收益的连锁店要价很高，它已经运营得足够好以至于弗雷德不确定他是否可以使之再上一层楼并增加业务价值。此外，虽然弗雷德可以贷款37.5万美元，但仍然必须从他的退休储蓄账户提取20万美元作为首付。这值得去冒险吗？

企业家与风险常伴。学识和经验可以降低负面影响并提升回报，在这个事情上，弗雷德两者兼具。他之前在总部的工作是做培训和连锁店激励。他曾在全球会议上发言，而且曾与最成功的企业家共事。他知道什么行得通什么行不通。没有人比弗雷德更具备收购这家连锁店的能力。我对此深信不疑，也如实告诉了他。

3年前，弗雷德从公司总部辞职并开始创业。自那以后，他将连锁店的营业额提高了100%，从580万美元增加到了1190万美元，净利润也从20万美元/年提高到40万美元/年。他花57.5万美元买下来的连锁店现在估值120万美元，并且他付清了37.5万美元的卖方贷款。

弗雷德具备经营一家连锁店的能力和经验，而且他很有自知之明，他认为总是到最后一刻才能发现"我们根本一无所知"。我们都有盲点，这就是为什么一定要做好尽职调查并且向我们尊敬且关心我们的人询问客观反馈和真实想法，而不是只听我们喜欢听的。

永远保持开放心态

几年前，一位朋友的朋友曾经咨询我关于一

个生意的建议。这位先生与他的合伙人准备从快退休的理疗师那里收购几家物理治疗所。然而，他与合作伙伴都不是物理治疗师，也没有在这个行业工作过。只有一个合伙人住在那附近，但他的工作已经饱和，这个生意会给他现有这个紧张的全职工作带去负担。他们自己没有资金，正在寻找投资人，这才是他发邮件的真正原因。

读完了商业计划书，我给了他一些反馈，真诚礼貌地回复了他，但并没有赞成他的想法。我收到的回复是他愤怒的辩护。其实他并没有真的在征求我的意见，他只是在寻找那些认同他的人。不过后来听说这个计划最终还是失败了，亏了很多投资人的钱。我知道这位先生当初给我发邮件其实是想间接地找我投资，但我之所以那么真诚地回复他，初衷也是保护他和投资人。

我们的身边如果都是一群意见相同的人，那么他们会让我们陷入认知的茧房。只有虚心请教才能收获进步的思想。尊重并包容不同的声音，虽然决策是自己做的，但至少应该是充分听取各方意见后的结果。

骄兵自败

我的另外一个朋友艾伦，是一位退休数学教师、棒球教练和童子军队长，也是我认识的最好的人之一。因此，当他打电话向我咨询建议时，我马上就答应了。那天下午在星巴克见到的男人不再是我之前认识和欣赏的艾伦了。他无处不在的微笑和正能量消失了，看起来疲惫不堪。当他打开话匣子，我终于明白了原因。

在他退休后不久，艾伦和他的妹夫阿曼多一起买了一家汽车玻璃连锁店。因为之前失败的生意经历，阿曼多既没钱也不能申请信贷。他自小就在巴西的家族企业里历练，这让艾伦相信他懂得如何运营店铺。基于以上保证，艾伦同意阿曼多负责店铺运营。阿曼多没有其他收入来源，因此艾伦同意在盈利之前，给他一小部分薪水来维持日常开销。艾伦投入了初始资金并且签署了个人担保。

在当时，这听起来是一个相当不错的生意。艾伦有30万美元的退休金和非常好的信用记录，因此10万美元的连锁店费用和5万美元的初始资金对他来说绰绰有余。虽然经销商无法保证让他们赚钱，但他们觉得如果经营得当，每年可以有20万美元的收益。

不幸的是，事情并不尽如人意。他们合伙开店两周后的一个早上，艾伦在11点突然到访。灯是关着的，门也是锁着的，而营业时间应该是早上8点。艾伦很担心，于是给阿曼多打电话，铃声响了5声，阿曼多才接起来，咕哝了一声"你好"，原来是他睡过头了。更让艾伦失望的是，艾伦当天早上还在电话里得知，他们原本预算的5万美元启动成本已增加至15万美元。阿曼多说是房东的责任，然而艾伦后来发现是阿曼多修改预算时的失误导致的。

艾伦没能适当地处理这次冲突。他没有直面问题，而是把这些不满都藏在心里，换上一张笑脸，然后继续。但事情变得越来越糟糕。阿曼多不仅能力不足，而且懒惰，还不诚实。除了从尚未盈利的生意中定期支取工资，他还从收银机里偷取现金，当被发现时，他坚持这不是偷盗行为。作为合伙人，他只是为了家庭应急而临时借钱而已。

阿曼多前后矛盾、效率低下、满嘴谎言。生意一直在亏钱，这导致艾伦的所有身家都付之一炬，房租和很多账单都逾期了。作为挽救生意的最后尝试，他们抵押了一些设备，并按15%的年利率贷款了5万美元。这笔贷款是艾伦用个人信用担保的，因为阿曼多根本没有信用可言。

艾伦没有做生意的经验，他原本以为可以通过引入合伙人解决这个问题。但生意失败后，他和合伙人的关系也随之破裂，这让他与妹夫在一起的感恩节聚餐变得十分别扭。艾伦的太太并不知道他们亏了多少钱，艾伦也不知道该如何解释。

我朋友一边哭一边说，我也忍不住掉了眼泪。他向我寻求帮助，但我也无能为力。我没有想到他如此缺乏常识，如果他在投资前询问我的建议，我一定会建议他不要做。

弗雷德和艾伦在制定决策时有着截然不同的思路。经验丰富的旅行社连锁店专家弗雷德和一位企业家，以及另一位信赖的朋友，都在做投资决定之前咨询过我的建议。他们分享想法、财务状况、目标和梦想，希望得到客观的反馈。弗雷德的自知和谦逊足够让他知道他也许会忽略什么。他从信任和尊敬的人那里得到确认后，最终打出了全垒打。

艾伦，一个没有经商经验的人，在他决定尝试和押注所有退休金之前并没有来问我也没有去问其他任何人。我本可以通过短短三分钟电话就可以劝他放弃这个计划。然而发生了什么？艾伦为什么不去寻求帮助呢？

我不是心理学家也不会读心术，所以我不能确定。但如果让我猜，也许是因为傲慢。就像我之前说的，艾伦是我曾经见过的最好的人之一，但作为社区受人尊敬的领导者，他也许觉得来我面前透露他的财务生活很不自在。所以在退休后本可以享受衣食无忧生活的他，现在却在处理破产和重大的婚姻问题。

成功的飞行员和企业家都知道无论他们拥有多少天赋、技巧和训练经验，仍要面对像撞击飞鸟、发动机失灵、经济环境或竞争等诸多不在个人掌控范围内的变量事件。他们知道，他们的任务是要为一次次的冒险尽可能地降低、限制和消除风险。弗雷德在旅行社生意上获得了成功，是因为他知道飞行前的检查有多重要。而艾伦因为蒙着眼睛爬上了那架由他那无能的妹夫驾驶的飞机，才遭遇坠机。

简要概括

- 每个人都有盲区。在投资生意之前，要谦虚并且寻求信任的人的建议。
- 鼓励别人挑战我们的观点。
- 评估你准备投入多少，并坚持到底。生意需要的总是比我们拥有或想要的更多。

15

当我们将工作和娱乐混在一起时工作总是胜出

一些初次创业的人总是希望有一个合伙人可以一起分享工作、风险和投资,很希望把这种创业带来的兴奋感分享给认识并信任的人。

我是全球企业家网络组织"创业家协会"(简称EO)多年来的会员。当我思考合伙制的优缺点时,我想起了学习活动中的一次交流,这次交流让我困扰至今。那天晚上,一位参观导师/企业家正在与我们分享他自己的"失败边缘的教训"。当他被问到对合伙制的意见时,他斩钉截铁地说:"我不信任合伙制。这从来都行不通,不值得冒险。"

我永远不会忘记坐在我旁边的 EO 会员听到这句话时脸上那难以置信的表情。他明显被这位发言者的大胆言论震惊到了,他迅速地举起了手。当被点到名字,我旁边的这位叫作比尔的会员开始阐述他的观点。他看起来又气愤又伤心地说:"我完全不同意你刚才说的话。我有一个非常棒的合伙人,我们是最好的朋友,我们的能力正好互补。"

那位发言人耐心地听着比尔叙述他天使般的合伙人。当比尔说完时,发言人礼貌地承认比尔有发表自己观点的权利,接着发言人重申他坚持自己的观点。我静静地观察这次交流,什么都没有说,但我同意那晚发言人的观点,而且现在仍然是。当然了,任何原则都有例外,但以我的经验来看,大多数合伙制企业最终都以某种方式的失败告终。

命运无常,在那次 EO 会议的几年后,那位维护合伙人的比尔约我见面并向我咨询商业建议。当我们最终坐下来谈话时,他开始批判他几年前曾为之激情辩护的合伙人。比尔正在筹钱准备买下那个合伙人的所有股份。

对创业新人来说,合伙制很有吸引力,但结果总是事与愿违。感知到的和客观存在的不平等会滋生怨恨。有些合伙人表面上相处得很好,但背后互相看不顺眼,这播下了决裂的种子,并最终扎根。起初天使般的合伙制通常都会以互相指责、唇枪舌剑、对簿公堂和分手收场。友谊和家庭都被拆散了。当我们把生意和爱好掺杂在一起时,生意总是更胜一筹。

如果可能的话,雇用那些可以和你优势互补的人,而不必为了不确定的将来把自己与合伙人捆绑在一起。如果没有合伙人,你就不需要面对合伙人带来的风险了。

合伙协议

在某些专业领域,比如法律和会计,是合伙

人制。如果我们从事这些职业，或者在其他行业并且愿意承担合伙风险，那一定要聘请一位这个行业的专业律师并提前签订合伙协议。就像婚前协议一样，它可以预测分手结局并且提前制定分割条款。当然了，热恋的时候讨论这些确实不是一个好时机，这也是为什么很多人排斥这个话题后来却付出代价。提前签署协议可以避免日后陷入绝境，并且可以保护生意的潜在价值。

> **简要概括**
>
> - 你以为拥有合伙人会很不错，却总是事与愿违。
> - 如果你很珍惜与某个人的关系，那么不要同他合伙做生意。
> - 合伙制问题会摧毁一个完美的企业。规避这种风险的最简单的方法就是不要合伙人。
> - 如果你不得不找合伙人，那么一定要签署合伙协议。

16
风险管理

所有房东都无法掌控的风险之一就是租户生意停业导致的房屋空置。我们有一位销售露营、狩猎和钓鱼相关用品的大型零售商租户,这个连锁运营商的拥有者是一个有着上百年历史的拥有数十亿美元的投资基金,因此我们对它的履约能力非常自信。然而有一天,在一个美国的竞争对手入驻这个市场一年后,这位租户生意停业从而不得不离开了。

当租户不再付租金，作为房东，我们要做的第一件事就是重新研读租约中的担保条款。在本案例中，拥有连锁店的这家几十亿美元基金的母公司担保了前两年的租约。两年后，就是经销商自己的责任了。在法律条款上，我们没有诉讼这家母公司的权利，但它需要出庭证明。为了避免诉讼成本，这家母公司选择与房东协商支付部分费用。它在处理这些事情的时候，表现得配合与专业。

有限责任公司

有限责任公司是独立法律个体，并不是所有者的完全法律责任。当我们在公司名字后面看到"有限、股份制或法人（英文缩写Ltd.，Inc.，Corp.）"等字眼时，就表明这家公司的财务责任仅限于公司资产。

如果我们拥有一家有限责任公司的股份，我们所有的个人资产都是与公司业务分开的，不会被公司债权人追缴。这种不用担心个人责任牵连的投资自由，大大地促进了股市发展并且多维度地鼓励商业与个人投资。相比之下，独资经营者对其拥有的企业债务则承担无限连带责任。因此，当我破产后重整旗鼓之时，通过合并所有生意将我的经营风险与家庭资产隔离开。

我工作一直很努力并且相信我正在做正确的事情，但我更理性，会更客观地看待我的创业风险。如果事情超出控制范围，某个做法没有带来利润或者没有显现出值得投资的潜力，我会放手并马上开启下一场伟大的探险。

合并业务是我们用来降低风险的成本最低的保单。如果我们拥有多项生意，将它们合并可以让我们自己和公司业务之间形成防火墙。这允许我们去控制并量化每一项新业务的风险。

或有负债

所有优秀的律师都会告诉我们，投资在公司里的钱并不是经营公司所需要付出的所有风险。如果我们是公司负责人，当公司因为某些原因被起诉时,事情可能会失去控制,我们也许会承担连带个人责任。如果一名员工不小心触犯了法律,或者违反了行业规定,公司负责人也会被起诉。这些被称为"或有负债"。保险公司销售保险是为了降低风险,但是保险不能覆盖全部风险。

如果我们已婚,一个降低风险的常用做法是将我们要保留的钱和资产放在配偶名下。如果他们不是公司管理者,则不会被法律起诉并承担债务责任。因此我们家住的房子、出租房产和存款等资产都在我的太太莉莎名下。

计算成本

当公司运营需要大量现金流时,准备充足资金是最好的办法。

想象一下,我们通过努力工作让梦想变成了现实。公司蓬勃发展,我们需要新设备、更大的空间和更多的员工去服务蜂拥而至的客户。

作为一位精明的企业家,虽然我们在初创时

投入了大量的个人积蓄，但我们知道存在10%账户里的钱是被禁止动用的。因此，我们去当地银行寻求贷款。虽然我们发展迅速，但公司没有足够久的会计记录因而无法借到钱。银行家微笑地说，如果用我们自己家的资产做信用担保，他们会很乐意给我们一些信用贷或者将我们的房产进行二次抵押。我们并不愿意动用那10%账户里的钱（房子就属于这个账户的一部分），因此放弃了这个选项，但是信用贷听起来不错。在我们决定采用信用贷之前，一定要明白信用贷或者抵押的设备都是用个人担保的。如果生意进展不好导致无法偿还贷款，那我们自己——而不是公司，将会承担100%的偿还责任。

许多借款人都不太了解委托贷款的责任，委托并不会降低我们的风险。无论有多少借款人为其提供担保，出借人都可以要求个别担保人偿还全部贷款。

最好的生活

作为一名野心勃勃的年轻人，我想要成为企业家的原因完全是出于经济因素的考虑。在过去的很多年里，我参加了诸多评估测试——DISC 个性评估、优势识别器（Strengths Finder）和科尔比指数测试等。我参加的每一项检测都显示我拥有典型的企业家特质。现在我明白了，无论贫富、输赢，我都会选择这种生活。我生来如此。

在我二十刚出头的年纪，我为了成为百万富翁，频繁地更换工作，大多数都是销售相关的职业。在1989年经历了破产以后，我并未放弃梦想，但对风险愈加谨慎。如果对一个生意的预判看起来不好，我会马上换一个，我对待创业本身与员工对待他们的工作一样。我一直坚持将10%的收入存起来并投资不动产，这个精明的理财方法和10%账户是我的优先选项。我把我与公司看成是一种雇佣关系，如果公司经营得很成功，那很棒，但如果不成功也没有影响。我仍然会存钱并投资不动产，从长期来看，哪一种都不错。

在 1994 年，我成立了一家小型借贷公司，只有一名员工。我将公司发展成美国最大的线上发薪日贷款公司之一，拥有 500 名员工，300 美元月贷业务总额高达数百万美元。10 年后，也就是 2004 年，当我把公司卖出时，我做到了全垒打。靠着这笔收入，我转身成为投资房产和大盘股的全职投资人，我买入它们并长期持有。我现在仍然运营的唯一一家公司是位于我们社区的 Sportsplex 体育场。我将场地日常运营委托给一支管理团队，这让我有时间去旅行或从事热爱的事业。这也给了我时间去探索内在的自己，比如写这本书。

创业生活美妙极了。这是最棒的生活。

> **简要概括**
>
> - 合并业务可以让我们个人与公司业务之间形成防火墙,是我们能买到的最便宜的可以用来降低风险的保单。
> - 用配偶的名字持有资产可以降低风险。
> - 过精明的生活,一边存钱一边为家庭的未来做投资,永远是最优选择。如果公司经营得很成功,那很棒,但如果不成功也没有影响。

总结
永恒的力量

随着蜂鸣器的响声，我通过一扇厚重的金属门进入了收容所。一走进去，消毒水的味道扑鼻而来。一双双孤独空洞的眼睛盯着我，我深吸一口气，告诉自己我可以。

Triage 是一间紧急收容所的名字，位于温哥华市中心东区。这片区域被公认为加拿大最穷的地方，由于其允许公开毒品交易而臭名昭著。福利日是当地人的"狂欢节"。对许多人来说，这是他们离开主流社会的最后一站，而绝大多人都再也回不去了。

这部悲喜剧中最悲哀的成员是那些有精神疾病的人。由于政府的冷漠和不作为，他们无法在社区里生活，最终只能被安置在收容所里。这些独自在街上游荡的脆弱的人，很容易成为骗子、皮条客和毒贩的猎物。

作为捐赠者，我被邀请去Triage参观。收容所经理莱斯莉是一位35岁左右的热心女士，她对这里十分了解。

我们一边走，她一边向我介绍Triage的过渡住房战略。这家收容所是一个起点、一个旨在安抚居民的短暂居住地，让他们具备在别处独立生活的能力。我漫不经心地一边听一边点头，当我瞥见空空的房间时，有一种怪异的偷窥般的感觉。墙壁被涂成了土黄色，金属床架用螺栓固定在混凝土墙壁上，还有裹着薄塑料外膜的床垫。我忍不住去想究竟有多少个类似这样的房间曾被我的母亲唤作"家"。

我的母亲一生都在与精神疾病做斗争。1983年，在我23岁那年，父亲由于糖尿病并发症突然离世，留下母亲一人。失去了生命的支柱，她迅速地垮掉了。

多年来，我和兄弟尝试帮助她的每一次都失败了。她经常搬家，从一个城市搬到另一个城市，没有任何规律和原因。她曾住在出租屋、紧急避难所、精神病房里，有时甚至是监狱。1999年，她最终孤独地在新斯科舍省哈利法克斯市的一间出租屋里去世，我们得到消息的时候她已经被埋在了一个贫民墓地里。

当我参观完收容所后，我们去莱斯莉的办公室喝咖啡。我告诉了她我母亲的故事。她显露出一种曾经切身体会才会懂的共鸣。

那天我去庇护所的参观成了释怀我的过去与现在的开端。我在整个成年后的生活都聚焦在如何生存与获得成功上。在过去，虽然我对家人和朋友很大方，但从未过多地为他们考虑。我发现正确地使用金钱可以发挥很大的作用，单纯为了钱而赚钱只是虚无的追求。那天成了我心灵旅途的转折点，也让我开始了一种新的、更加慷慨的生活方式。现在，我的大部分时间、精力和财力都聚焦于如何回馈上。我唯一后悔的是，没有早一点发现这种更有意义、更丰富的生活方式。

人们常说想"做点什么事情"。如果你感受到了内心的召唤但不知道从哪里开始，我的建议是去寻找内心最看重的东西。从小处开始，并坚持不懈，你也可以感受到我和莉莎的这种充满意义的令人感恩的回馈生活。

如果你刚刚开始创业，还没有能力捐钱，那就自己多出力。你的时间、精力和特长更有价值并且值得付出。回馈生活会告诉你为什么要遵守新的精明理财的生活方式。

就像我在介绍里说的那样，我是为了子女和孙辈写的这本书。当我离开这个世界时，他们会想："我的父亲是做什么的？"他们通过这本书就可以认识我。我写这本书也是为了那些像我在年轻时一样感到迷茫和陷入困境的年轻人。我懂得你拥有的恐惧和绝望的感觉。但请记住：无论你是谁或来自哪里，成功并不取决于你的智商、学业成绩或家庭背景，而是在财商的引导下日益积累的财务智慧与知识的结合。所谓财商就是坚持、决心、积极、自知，并懂得牺牲短期回报换取长远收益。如果你过去曾经在某些领域中失败了，不要泄气。你的情商、财商会随着时间而累积。你可以过上充满选择和机会的生活，而不会只有悔恨和负债。

不要觉得这些永恒的真理看起来太简单，真理总是简单的。如果你读到这本书，大可以应用起来。

了解这些方法，并让它们为你所用。它们改变了我们的生活，也将会改变你的。

致谢

我要感谢莉莎,与我结婚三十年的美丽妻子。本书讲的就是我们的故事。

特别感谢佛朗哥·帕帕利亚,与我分享他家里的奋斗成功史,还有我的好朋友兰斯·布拉肯——你在大山里的生活故事非常质朴并令人敬畏。

我还要感谢我的两位挚友和企业家朋友克莱格·福克纳和弗雷德·默塞。我们三个被称为

"神勇三蛟龙"。我无法想象没有你们的生活。

最后,一定要感谢我那位最富有的"朋友"。他是这一切的造物主,是我内在所有美好与正义的创造者。

拓展阅读

书名：《富足一生：十堂亲子财商课》
ISBN：978-7-5151-0883-4
定 价：59.00 元

您的孩子如何学会财务独立？
财富自由如何赋予你多样选择权？
父母与孩子的财务独立之路难免错误百出。
十个引人入胜的亲子理财故事，家庭财商共成长！

扫码购书

书名：《动量策略：利用 Python 构建关键交易模型》
ISBN：978-7-5763-2818-9
定 价：129.00 元

手把手教你构建回测量化交易策略
零编程基础也能轻松晋级量化交易之路
特许市场技术分析师、瑞士苏黎世著名投资组合经理量化交易师安德烈亚斯·F. 克列诺
最新量化交易新作重磅上市！

扫码购书